Flüsse des Lebens

August-Wilhelm R. F. Beutel

Flüsse des Lebens

Die Zeitspur ›ich‹

Bibliografische Information der Deutschen Nationalbibliothek:

Die Deutsche Nationalbibliothek verzeichnet diese Publikation in der Deutschen Nationalbibliografie; detaillierte bibliografische Daten sind im Internet über http://dnb.dnb.de abrufbar.

© 2017 August-Wilhelm Beutel
Satz, Umschlaggestaltung, Herstellung und Verlag:

BoD – Books on Demand

ISBN: 978-3-7431-8597-5

Inhalt

Thema 1	9
Die Zeitspur ›ich‹	10
2. Sprache, Zeichen, ZAHLEN. 1,2,3, …	11
Das Ich, in der Bestandsaufnahme, das Wort, in seinen Mauern, Grenzen aufzulösen, zu erlösen, zu befreien. Das Wort/Die Wörter!	21
Gefundene Spuren	24
Die Sonette an Orpheus (Rilke Teil I und Teil II)	27
Thema II	41
Blick- Horizont: Mauer	57
Thema III	61
Warum Mauern, Grenzen …	61
Rilkes Teil II »Die Sonette an Orpheus«	61
Thema IV	91
Wie entferne ich Mauern, Grenzen usf.?	91
Teil II	127
Meine Zeitspur ›ich‹	129
Teil A	130
ETHIK: Sprache, real betrachtet	130
Teil B	139
Vom Plagiat ›ich‹ Mensch (1) ein Wort	139

Teil C	154
Frühlingsahnen (meine Sonette an das Licht)	154
Teil D	229
Die Muttersprache zwischen Schein und Sein, Sein und Zeit, Soll und Haben usf. …!	229

Zu meiner Person

Mit dem Fangnetz in beiden Händen und am Gurt den
›BEUTEL‹ für die gesammelten Pilze, Beeren, Kräuter
usw.
(so das Familienwappen: anbei) Das fanden die Ahnenforscher heraus. Sammler und Jäger, so SIE – sollten Wir gewesen sein. Als
Jäger und Sammler kehrte ich HEIM: *Wortsammler und Jäger der Gedanken zu sein.*

›ich zu Ich‹

›ich‹ bin ein Jäger
mit den Augen: Friede.
›ich‹ bin ein Suchender
im Wort nach mir:
Verschwiegenheit

›ich‹ bin, so glaube ich
noch ungeboren: Liebe!
›ich‹ lebe außerhalb der Zeit:
bin ›ich‹ noch tot?

›ich‹ bin der reichste Mann
der Welt denk ich an all
mein Fühlen: Sehen!
›ich‹ bin mit all dem Reichtum
dieser Welt bestückt ›ich‹
lebe Heut und Hier.

›ich‹ bin zum Sehen für das Morgen
mit der Liebe ausgestattet
in all der Dunkelheit noch Licht zu sehn:
›ich‹ bin ein Jäger: ich liebe also lebe Ich.

So fand ich Mich: ›ich‹!

1 Das Wort, Die Wörter

Thema 1

Zu Euklids Definitionen eins und zwei (1+2)

»Einheit ist wonach jedes Ding EINES genannt wird.«
… auf ein WORT …
Das Wort im Wort, es ist und bleibt ein Zeichen, stets ist es Masse: ein Plagiat. Friede ist zuerst ein Wort im Wort, und dort die Masse, diesen gegebenen Inhalt aus dem Wort (der's gesprochen) herauszunehmen.
»Gut so« sprach der Zuhörer »aber auch das wird ein Wort, Wörter.«
Gott, auch ein Zeichen, ein Wort. Um diesen nichtzudefinierenden Inhalt streiten sich die Wissenschaftler› Theologen, Islamisten, Sektenvertreter, selbst Heiden, die PARSEN mit ihrem Gründer Zoroaster: bei Nietzsche Zarathustra. Alles Wörter, so der Zuhörer. Selbst das Wort Inhalt ist nur ein Zeichen, ein Begriff, ein Wort. Suche ich an tieferer Stelle um meinen Gefühlen Ausdruck, Inhalt zu verleihen, dann ist ' s ein einfacher Händedruck, gegeben, der diese wortfreie Zone ›ich‹ ausdrücken könnte, und das, egal in welcher Sprache auch immer: So stelle ich mir, im Grunde, die reinen Begriffe (meine) vor! Aber? das ist ja nur POESIE …. auf Ein (1) Wort …!

Die Zeitspur ›ich‹

in der Verbrüderung, zu wissen
belegt die Tat in sich
denkend nie ein Wort zu missen.

So verlor die Zeit
das Wörtchen Ewigkeit
und der Sinn, zu geben
gab mir die EINHEIT: Leben.

2. Sprache, Zeichen, ZAHLEN. 1,2,3, …

Definition 2: »Zahl ist die EINHEIT der zusammengefassten Menge!«

Milliarden Gehirnzellen, Neuronen, und ihre Verbindungen, die Synapsen nehmen wortlos diese Zahlen (Begriffe, Zeichen, Einzelvorstellungen) auf. Diese zusammengefasste Menge ergibt dann die EINHEIT das Gehirn!
… auf ein Wort …, wenn's hier auch nur die Zahl!

Zwei (2) Definitionen Euklids
mich ins formale Denken zieht' s
zu zählen von 1 bis 2
kein Wort war je dabei.

Das ist das Wissen vom Nichtwissen
1, und 2, und 3 im Wort zu missen.
Wo ist also die Einheit zwischen Zahl
und Wort? Die geheime Wahl
macht einen Versuch daraus
im Glauben zu wissen: Das Haus

stürzt ein, das Gemäuer, es, zerfällt
dort hat Sokrates seine Definition aufgestellt.
»Ich weiß, dass ich nichts weiß,« das soll bedeuten
will ich wahrhaft wissen, muss ich häuten
das Wort, die Zahl- die Vielheit in Einheit- lösen
um dort in der Einheit Mensch nicht zu dösen

dann beginnt, von mir nicht erfunden
Zahl, und Zeichen im Wort zu gesunden.
Eins+ Eins= zwei Wörter, 1+1=2, eine Zahl
Euklid stellt uns heute stets zur Wahl
zu erkennen, Zahl und Zeichen, korrekt zu benennen.

Geflogen! Ohne Drogen
liegt ein Wort in meiner Hand

und ich frage mich, wer gab ein
den Code in die Synapsen
so ins Licht hinauszutapsen.

Geflogen war ich allemal
und durch die Hand

den Körper überwindend, flog
der Same, Korn, auf das weiße Blatt

und beschmutzte das Papier: Ein Wort.

Muss eigentlich: Geflogen
immer Droge sein?

Da wurde aus dem Schmutz auf dem Papier
das Wörtchen Frühling, Sonnen-Tau.

Und das weiße Blatt verfärbte mir
so den ganzen Äther: Himmelblau!

Geflogen war ich ohne Drogen
das ist wahr: und trotzdem gelogen.

Denn? die Droge Wort, Sie, flog mich HEIM!

Beim Lesen des Buches »Am Scheidewege«
Judentum und Zionismus- von Judit Butler- (Campus Verlag), dort stieß ich mehrmals auf das Wort: »Messianisch!«
S./126 »Der Messias kommt ja nicht nur als Erlöser, er kommt als Überwinder des Antichrist.« (BG S. 695) Benjamin, über den Begriff der Geschichte.

Phil. Wörterbuch: Messianismus! Allgemein die Hoffnung auf Verwirklichung des Reiches Gottes auf Erden als Ziel der Geschichte. Insbesondere eine Richtung slawischer, russischer und polnischer Denker, die, entscheidend von den Systemen des absoluten Wissens (Fichte, Hegel) bestimmt, eine Umbildung des Wissens zur Weisheit suchten, um eine neue Menschheitsära herbei zu führen. Als deren Träger sie sich fühlten. Hauptvertreter (Cieszkowski).

Literarisch gesehen wollten u.a. die Gebrüder Schlegel, Hegel, Wackenroder usf. eine Umgestaltung der ges, Religion. So entstand ganz nebenbei Die Literarische Epoche der Romantik. Die Maler Caspar David Friedrich und Philipp Otto Runge nicht zu vergessen.

J. Derrida sprach z.B. vom messianischen Marxismus
Und Levinias auf S.56 beschrieb in seinem Buch »Schwierige Freiheit«: »Alle Personen sind MESSIAS ...Das ich (Moi) ist der jenige der sich selbst dazu ernannt hat, alle Verantwortung der Welt zu tragen.«
»Wenn wir das absolute Element in der Geschichte nicht spüren können, ist ein Teil unserer messianischen Sensibilität verloren!«

Im Grunde sind wir, Alle, Menschen, dieser Welt messianisch vorprogrammiert, da jedes Wesen im Grunde mitverantwortlich ist dieses Wunder Erde: diesen Stern, menschlich zu erhalten. Wir verwalten mit Sinn und Unsinn diese vergöttlichten Gestalten die in Fleisch und Blut sich Wesen nennen:›Mensch‹! Sie, diese unterdrückten Wesen, Gläubige aller Colour und religiösen Richtungen bis hinauf zu Heiden, Sie verlassen sich, im Gebet, der Hoffnung hingegeben, für diesen Messias, der ja immer wieder kommen sollt ’zu leben.

Jeder Mensch hat die (1) Möglichkeit Alles zu verändern, indem man sich selbst verändert. Gut und Böse und andere Kategorien müssen ständig Neu überprüft, verifiziert werden. Denn? Im Glauben wird so manches Böse Gut, wie auch umgekehrt.

Da ist das Wörtchen ›ich‹ ein sehr dominanter Punkt, der aus der Vielheit ›ich‹ zuerst einmal auf die Einheit Ich zurückgeführt werden muss. »Ich = Ich« so definiert der Philosoph Fichte seine Auseinandersetzung und macht aus der Einheit Ich, seine Zweiheit, und damit vermasst er diese Kleinstbenennung zu einer Mehrheit: These und Antithese, sie müssen sich in der Synthese verkoppeln, befreien, um diese beiden Ichs auf eine Neue (1 = Einheit) zusammenführen. Und schon sind wir wieder beim Ich gelandet; einem neuen Ich, das These und Antithese in sich aufgenommen hat: zu sein. … ›ich‹, dasselbe Wort.

Will ich, in meinem Sinne an dieser Stelle einmal messianisch, meine Gedanken ordnen, dann ist jedes Wort, ob Hof, Haus, der Apfelbaum, der Apfel, das Brot, die Liebe, der Hass nichts anders als die vordem eingeflossene Allee im tiefsten Verstehen aufzubrechen, um sich im ›ich‹ über das Wortlose Neu zu erfinden.

Bilder machen die Runde. In den Kaminen flackert, im warmen Schein das Holz, Wärme gebend, so wie jedes Wort, wenn man es durch diese messianische Selbstbefragung hindurch auflöst. Es kommt am Ende im Grunde vom Worte her nur das SELBE Wort ›ich‹ heraus, Aber? Es ist allein Deines, so will es das messianische Denken jeden Einzelnen zu beschenken. Gott, ein Wort: Nichtwissen wird zum Glauben umfunktioniert bis wir im Sokratischen Allwissend könnten gemeinsam Mensch sein: »ich weiß, das ich nichts weiß.« An der Stelle wird dieses ›ich‹ wahrhaft Einzelnes(1) Dein Wissen!:.. Mensch zu sein; und das Wort bei Wort: Ich!

Selbsterkenntnis

Die Ansicht sich selbst zu tadeln
mag dem Gesichte Falten verleih' n.
Das Innere mit einem Lächeln zu adeln
im Nichtdenken sich selbst zu verzeih' n.

Aber sprach die Masse auf Erden
die Glaubensvielfalt gesteht sich ein
in der Vielheit nicht Einzelner zu werden
Glauben ist einfach –Wissen- wird Sein.

Eingemeißelt werden die Gebete: gesetzt
als einfaches messianisches Denken geseh` n
Glaube als Allheit- Wissen wird zur Bürde

Alle Menschen in Offenheit verletzt.
Die Worte in Stein sie bleiben besteh' n
so beende ich die Straße der Einheit mit Würde.

Spurensuche

Also beginne ich mit meinen Sonetten (meiner einfachsten Sinnbildung) dieser, von Giacomo da Lentini im Jahre 1265 erdachte Form, mich in seine Gedankenwelt hineinzuversetzen.

Shakespeare, der englische Dichter formte um, diese Sonettform in 3x4 und eine doppelte Abschlusszeile, zu seinem Sonett!
In Erinnerung an den über 800 Jahre alten Gedanken des Giacomo de Lentini gedenke ich gerne dieser Form und nehme für mich nicht in Anspruch, auch Sonette geschrieben zu haben, denn seine Form – damals – ist Etwas, Sein, Einzelnes, Unwiederbringliches, Kulturgut, der Sprachen, der Lyrik, insgesamt.
Ich füge mich nur ein, ein wenig mit meiner Gedankenwelt – Muttersprache – sein Verdienst, diese, seine Form mit Kleinst-Metaphern, mich, seiner Idee, anzunähern: als kleinster Teil, und mag es auch nur der kleinste sein: ich!

Spuren

Der folgende Vor- Buch- Nachtrag etc. ist so zu verstehen. Man kann ihn – den Inhalt – ganz gleich vor oder nach einem Text einfügen, damit das, was Rilke mit »Atmen, das unsichtbare Gedicht« meint, sachlich einzusetzen, zum Wohle des Verstehens, denn das ist der Grundgedanke der Muttersprachen weltweit. Also beginne ich.
Mir geht es alleine um die Urkraft meiner mir mitgegebenen Muttersprache, Gefühlsannäherungen an »die Sonette an Orpheus« mir vor Augen zu halten …
Somit füge ich Teil I und II seiner Arbeiten in meine mir befallenden Gedanken um: als ein mir bestes Alibi seine Thesen gelesen zu haben.

… erlebt! Ich habe diese seine Thesen »Sonette an Orpheus« mit dem tiefsten Sinn aufgenommen, um mich irgendwo einbringen zu können. Der Stellenwert meiner Aussagen ist nur ein Begleiter, ein Sichhineinfinden in diese, seiner Gedanken, dort, wo sie selbst, verliert man sich, auch ein wenig mythisch könnten werden: Das Wort, die Wörter!

Das Ich, in der Bestandsaufnahme, das Wort, in seinen Mauern, Grenzen aufzulösen, zu erlösen, zu befreien. Das Wort/Die Wörter!

Friedrich Nietzsche schrieb einstmals: »Ich gebe Euch das tiefste Buch ...!«

Ich sage Euch, ich gebe Euch das wortloseste Buch, denn jedes Wort ist so ungesagt, ungeschrieben, wie z.B. Das Jahr: wenn es beginnt.

Schnee! Weiß bedeckt Feld und Flur. Selbst Dorf und Stadt sind wortlos in Weiß getaucht: sprachlos allemal- weiß unbeschrieben.

Dann öffnet ein Sonnenblinzeln, scheinbar totes Astgewirr mit zartestem Grün, das ich je sah, im Blickbereich der Sonne, noch zählbar, wie erste Buchstaben, die ein Wort beginnen zu formen.

Erste Silben wie Frühlings-Leuchten! Schneeglöckchen. Erstes Grün der Farne in den Gräben. Aufbruch, das erste Wort bebildert so den weißen Bogen. Die Schwalben kehren HEIM, Der Storch ruft klappernd seine Morgengrüße in den Äther. Und der Poet wirft, so wie die Morgensonne selbst, erste Zeilen –wortlos allemal- auf den keuschen Bogen.

»Was hat das alles mit dem wortlosesten Buch zu tun?«

Siehst Du das Weiße Feld: es schließt alle Knospen, jedes Lachen ein; auch das Leid, die Pein, wenn mit den Buchstaben dem Poet, das Ungereimte, aus der Allheit ›Wort‹, ihm irgendeine Einheit werden soll! Du musst diese Wege begehen, um die ganze Tiefe jedes einzelnen Wortes zu verstehen.

Meistens sieht der Einzelne nur die Spitze des Eisberges. Doch schau, mehr noch ist die Spitze des Wortes dem verschlossen, der meint, jedes Wort ist Einzelnes, verlässt es Deine Lippen: somit auch die Zeichen auf dem Blatt Papier.

Dann noch der Poet, der mit Metaphern tiefster Meerestiefe seine Weisungen versucht, verschlüsselt, Dir in Reimen nahe zu bringen?

»Nein?«
… Die Tiefe jedes Wortes ist nur der Keim, der durch das Hören in den unendlichen Gehirnwindungen aufgelöst ›Dein Einzelnes‹ werden muss. Am Ende bleibt dasselbe Wort bestehen.

»Aber?«
Aber, es hat Deinen ureigenen Inhalt. Der Eisberg schmolz dahin: gelöst!

»Ja, aber das sind doch auch Wörter, Worte, wie gehabt?«
Nein! Schaust Du nicht näher hin, dann wird Dir jede Zeile die ich preisgebe Dir, unsichtbar sein!
»Wenn?«
Ja wenn Du sie nicht zum Leben erweckst! Deine Augen sehen, fühlen, riechen, schmecken, tasten So geht es dem Deinem Ohr nicht minder. Und Deine Lippen bringen Wörter an das Tageslicht: weißgeblieben, ungeschrieben, und doch sind sie das, was ich das Verstehen nenne: folgt man ihrem Wege.

Damit gebe ich euch kein tiefstes Buch, sondern einfach meine Poesie, die jeder erst zum Leben erwecken muss. Für den Rest der Welt bleibt es Leere, ein weißes Blatt, wie des Winters kaltes Weiß am Straßenrand, in Feld und Flur.

Wenn das erste Weiß Deinem Wort, Dir die Augen- aller Sinne- öffnet, dann allerdings besteht die eine Möglichkeit, die Seiten, blätternd umzuschlagen, um den Wörtern Farbe, Licht, zu geben- sie zum Leben zu erwecken: Ton bei Ton!

Auch Friedrich Nietzsches tiefstes Buch ist nicht anders zu ver-

stehen. Nach diesem Prinzip wird auch die seine Tiefe an den Rand der Oberfläche gehoben, und erstes Grün, seiner Wiese -Wort- seine weißen Bögen bevölkern Dein Sehen, Hören usf.: aufgewacht!
Am Ende seines »Jenseits von Gut und Böse« steht Er und wartet gespannt, wie Du danach Dein »Gut und Böse« wirst benannt erkennen.

Jenseits von Gut und Böse, dieser, seiner Synthese – steht jetzt Deine These, mit dem Deinen Neuen »Gut und Böse« und Deinen Kategorien gegenüber.

Deine Sinne sind jetzt schneebefreit auf dem Wege, Wort/Wörter mit Deinen Sinnen zu begehen: Blüte für Blüte, Frucht bei Frucht!

… in der Spur …, So band mich das Büchlein von Rainer Maria Rilke »Sonette an Orpheus« ans Krankenbett, und? ich wollte einfach lernen über sein Wort, meine Wörter, Worte besser verstehen zu lernen.

Meine Erinnerungen an SILS MARIA (F. Nietzsche) und hier, in diesem speziellen Sinne an SOGLIO im Bergell, ein kleines Bergdorf vor der italienischen Grenze. Vom 29. Juli- 21. Sept. 1919 nächtigte RILKE hier im Zimmer 15, im Palazzo Salis. Ich stehe vor seinem Himmelbett und beflügelt sind die Gedanken.

Warum aber SOGLIO und SILS? Zwei Dörfer. Lichtwelten erinnern mich an diesen Zauber, einem Märchenbild nahe, diese beiden Ortschaften, die mich tiefst beeindruckten, an diese beiden Großen Denker der Dt. Sprache zu erinnern: an dieser Stelle aber, über die »Sonette an Orpheus« … an RILKE!

Gefundene Spuren

Die Zeitspur ›ich‹ ist ein gedachter Punkt im offnen Parallelengefüge: Leben.

Meine einzige Kategorie, aus der das Ich entsprang, Welten aufzutun im täglichen Streben, Menschen zu verstehen, ist der Gedanke, ›ich‹ mich, durch Andere, besser verstehen zu lernen. Wortgebunden ist das Ich ein Massezeichen, das zu entrümpeln ist, um am Ende in seiner eigenen Kategorie, dem Punkte ›ich‹, sein Leben zu verstehn.

Ich? Auf ein Wort … Teiresias ich seh!

Von Rilke lernen: seine Sonette an Orpheus inspirierten mich tiefst über das Leben an sich tiefer nachzudenken.

Mein Hospitalaufenthalt wurde mir zur Spurensuche, so oder auch so gesehen! Aus diesen Spuren wurden langsam Bäume, Lichter, Alleen, Menschen: ich! Und ich gehe in diesen Spuren auf und ab im stillen Gedenken nicht allein ›nur‹ mich zu beschenken, sondern in stiller Bescheidenheit, vor Allem, dem Schöpfer dieser Sonette: RILKE!

Jetzt war ich auf der richtigen Spur.

Meine Gedanken an Rilke, SOGLIO betreffend und in Erinnerung an SILS in Erinnerung an Friedrich Nietzsche(F.N.).

Peter Sloterdijk sagte einmal: »Philosophen und Poeten betreten aus verschiedenen Richtungen dieselbe Arena.«

Denke ich an Sils (F.N.) und bei Soglio an Rilke, der dort, im Hotel Palazzo Salis vom 29. Juli- 21. Sept. 1919, Revier bezog, so verfestigt sich meine Nachschau-tiefst!

Zuerst die Arena, zwei Fleckchen Erde, eine im Oberengadin; und zweitens den Pass hinunter Richtung Italien, dann komme ich an eins der letzten Orte nicht vorbei. Obwohl die eigentliche Arena, das Wort mir vorgelagert, im eigentlichen Sinne, mehr der ihrigen Anliegen sind.

Aber? Die zwei romantischen mir ›identischen Orte‹ sie blieben mir ebenso in Verbindung, zur Schönheit, Licht einzukleiden, wie die kritische Auseinadersetzung, die schon Sokrates (500 Jahre vor der Zeitrechnung.) verlangte, um dem allgemeinen Außenvor (dieselben Wörter, keine Arenen mehr) in Mauern enden zu lassen.

Diktate, Vorschriften, umgeformte Glaubensrichtungen, die Sie in Ihre alleinige »Wahre Wortwahl« enden lassen.

Für mich, persönlich wurden Beide Orte im Laufe der Jahre, wortlos, Lichtmomente, ein stilles Aufatmen, so wie das Neue Jahr, wenn es den ersten Schritt auf dem Neuen Kalender vollzieht.

Wieder fiel mir, an dunkelster Stelle meines Hospital- Aufenthaltes Rilkes »Sonette an Orpheus« in die Hand. Wieder flammten Beide Orte in meinem Herzen auf: wortlos noch.

»Aber?«

Aber, aus dem Einzelgespräch mit dem Licht Soglio, fiel mir das zweite Wörtchen, Sils, mit ein: und schon war ich zu ZWEIT. Ein Poet und der Naturphilosoph einfachster Prägung: zu lieben Bilder, Wort und Wörter! … »und machte sich ein Bett in meinem Ohr!« Seite Eins/Sonett 1. Rilke.

»… in Wahrheit singen ist ein anderer Hauch!«
»Wann aber sind wir?« I/3 … ›wenn wir atmen‹, das möchte ich kleinlaut einwerfen.

Heidegger schrieb: Sein ist nicht definierbar.

Ist Rilkes unsichtbares Gedicht »sein Atem« nicht Frucht in sich, Leben zu bewörteln? Sind wir nicht bei jedem Atemzug selbst dieses kleine Wörtchen Welt?

So trübt sich all das Wissen ein. Selbst im tiefsten Glauben, wird es Menschenwort profan. Die Mythenwelt wird auferstehen, und Orpheus, der singende Griechische Gott wird Gestalt und gibt dem Atem, dem Unsichtbaren, unsichtbaren Halt.

»Wann werden wir?« Im Erkennen allein, denn im Massewort WIR, das Ich, einzureihen, dort findet die Vermarktung der Masse Ich, statt: Die Rückerinnerung hat nur dann Bestand, wenn man über das Ich zum Wir gelangt. Alles andere Beschauen hieße auf Sand zu bauen.

»Denn?«

… denn, die Verheißung sich im Wir, als ich zu finden, sie setzt voraus, ständig über das Wir hinauszuschauen, als Einheit, nicht als Eingliederung, irgendeiner Zahl, sich selbst zu verstehn.

a posteriori das ist WIR … a priori, das ist Ich: Bestandteil, nie das Ich im Wir zu zählen. So kommen wir, dem Ziel, Erkennen, näher.

Im Nichtwissen zu wissen, im Sinne Sokrates, damit erhebt sich das kritische Denken auf das Podest, dort, wo die Sprache Teil des Ich' wird: und sie bleibt doch nur Figur!

»Heil dem Geist, der uns verbinden mag: denn wir leben wahrhaft in Figuren.« I/12.

… und das Wort an Wort …!

Die Sonette an Orpheus (Rilke Teil I und Teil II)

»… und machte sich ein Bett in meinem Ohr.«(I/1) So beginnt er, Rainer Maria Rilke, seine Sonette geschrieben als ein Grabmal für WERA …!

So ein Satz lässt mich aufhorchen, denn Viel oder gar Alles, was Außerhalb ist, das beginnt im Diesseits alle Register zu ziehen: nah zu sein!

Sein Bändchen erreichte mich in einer Situation gesundheitlichen Ureinbruches: Sein oder Nichtsein stand unsichtbar an den Fensterscheiben des Krankenhauses eingemeißelt.

Als »Romantischer- Realist« las ich seine Zeilen 5,6, mal und mehr rauf und runter und markierte mir (für mich, besondere Stellen) seinen Blick voraus und zurück … aufzunehmen.

So schrieb ich mir 1,2,3 Zeilen pro, seiner Sonette, heraus, die ich bei jedem Neuen, wiederholten Lesens antippte »These, Antithese und letztendlich auch Synthese« zu sein: Wort/ Worte … Wörter!

Um in diese, seine Sonette, tiefst einsteigen zu können, machte ich mir »ein Bett in seinem Ohr« um Wort für Wort seinem Innersten, das mich in Soglio in der Schweiz an der Italienischen Grenze, bezauberte: ich ging hinein!

So öffnete ich mir Zeile auf Zeile und versuchte so mit seinen Worten meine zu hinterfragen.

… und ich begann!

(Teil I und Teil II der Sonette an Orpheus kennzeichne ich folgendermaßen. Z. B. Teil 1 Nr. 2:I/2
Teil II Sonett Nr.5: II/5

»Atmen, du unsichtbares Gedicht!« (II/1)
Und doch, es folgen Worte.
Aus dem Schatten floh das Licht
und schloss die offene, unsichtbare Pforte.

Nicht, Du, schöne Maid bist' s gewesen.
Ich sann am Blumenbeet befreit
konnte in den Wurzeln Unsichtbares lesen.
Das, war nicht ich. Das war die Zeit.

Atmen füllt die Wörter auf, ungesehen.
Bestand ist das Beet
das blinde Verstehen.

Einfühlsam, die Knospe hat Bestand
die Blüte verwelkt: vergeht.
Frucht, du mein unsichtbares Atem-Gewand.

»Auch die sternische Verbindung trügt.
Doch uns freue eine Weile nun
der Figur zu glauben. Das genügt.« (I/11)

Sieh den Himmel
auch die sternische Verbindung trügt
da selbst der Welten Sternen-Bimmel
auch nicht eines Wort' s genügt.

Doch uns freue eine Weile nun
sich mit Lichtreklamen einzudecken
auf der Wolken Feder-Schar sich auszuruh'n
Sterne zählend, das alleine macht den Gecken.

Die Figur, zu glauben: das genügt
so, zieht das Lichtjahr seine Kreise
und die Wissenden sie Alle schrei' n:

»Ich alleine weiß, der Andere lügt.«
Glauben, ist dem Wahren so Beweise.
Der Figur zu glauben wird zum Schein!

»Und mit kleinen Schritten gehn die Uhren
neben unserm eigentlichen Tag.« I/12

Wird der Tag zur Uhr
geht die Sonne unter, so für wahr
und die kleinen Schritte der Figur
die vernimmt man immerdar.

Ich entschied mich
leicht zu gehen
um die Uhr recht wahr zu sehen
das ist so an sich

die Verführung, Selbst, begehend
These in der Antithese sehend.
Uhren zu befragen?

Das ist nicht die meine Welt
die mein Ich zusammenhält!
Da begann der Morgen uhrenlos zu tagen!

*»Selbst wenn sich der Bauer sorgt und
handelt, wo die Saat in Sommer sich
verwandelt, reicht er niemals hin.
Die Erde schenkt. I/12*

Jedes Wort-
das Grenzenlose zu überwinden
trägt in sich den traurigen Rekord
Nur? Zahlen zusammen zu binden.

Und wieder geht ein Sommer in die Zeit!
Die Saat läuft auf. Zufrieden
ist das Licht beim Atmen seiner Einigkeit.
Und das Volk? Entschieden

ist das Jetzt nur Teil der These
den Sommer zu bestaunen.
Doch die Antithese, gewesen, klein

setzt aus mit jener Lese:
die Erde beschenkt des Volkes Launen
auch mit Unkraut: beschenkt zu sein!

»Lest es einem Kind vom Angesicht
wenn es sie schmeckt. Dies kommt von
weit. Wird euch langsam namenlos
im Munde!« I/13

Die Orange

Die Mimik bleibt erhalten.
Schmecken? Lichtatmen hervor!
Immer noch Kind, nur die Falten
bilden Antlitze um, die weit, weit: davor!

Der Geschmack ist farblos
für den Gaumen, wenn auch
ein einzig Wort wird riesengroß
wie des Tigers Atemhauch

hypnotisiert er seine Beute.
Im Angedenken: Geschmack! Ich bin:
so fließt das Ringeltaubenschießen vorbei.

Vor meinen Augen wüste Leute
ohne Geschmack, ohne Sinn.
Namenlos der Worte Einerlei!

»Du, mein Freund, bist einsam, weil …
Wir machen mit Worten und Fingerzeigen
uns allmählich die Welt zu eigen,
vielleicht ihren schwächsten, gefährlichsten Teil.« I/16

Der schwächste, und somit gefährlichste Teil
ist das Wort, das vermaledeite
dort, wo a priori und a posteriori zusammenfällt, weil
das an sich Gescheite

Wort an Wort zahllos sollte sein.
Ich gehe über Zahlen an das Wort heran
in dem Sinne also wortlos und klein
durch die Zahl, nichtig, im Clan.

Außerhalb, des Fingerzeigens, sollten
wir, den gefährlichsten Teil, »Das Wort«
der Einsamkeit zur Seite steh' n

dort, wo alle Wörter zahllos schmollten
zu verkünden, den einen Ort,
als Wort in Wort, zahlen- los zu sehn.

»Hörst du das Neue Herr,
dröhnen und beben?
Kommen Verkünder, die es erheben.« I/18

Wie viel Glaube verträgt das Wahre?
Zählbar Unendliches! Das Ziel
ist der Sieg. Auf der Bahre
der Andere, der dem Sokrates verfiel:

›ich weiß, dass ich nichts weiß‹ und
er gesundete im Rahmen Mensch dahin.
So wurde ich in Wahrheit gesund
und ich weiß –ohne Zahl- wer ich bin.

›Hörst du das Neue Herr?
dröhnen und beben?
Kommen Verkünder, die es erheben‹ I/18

Glaube wurd' Wissen. Wer
will im ständigen Schweben
dann noch nach Wahrheit streben?

»Sieh, die Maschine
wie sie sich wälzt und rächt
und uns entstellt und schwächt!« I/18

(F.N.) »O Mensch gib acht«
den Körper nicht zu täuschen, das
wäre doch gelacht.
Gefüllt der Leib mit des Wollens- Fass.

Und doch: »was spricht die tiefe Mitternacht?
alle Macht will Ewigkeit« (F.N.)
So wird Leib Maschine in der ganzen Pracht.
Das Selbst beraubt die Zeit.

Wer bemerkt im Raffen schon die Lust-Maschine
wie sie giert nach Mehr und Mehr?
Aller Reichtum Dir, ist das Erkennen

in des falben Antlitz' Miene
Ruhe, du, im Aufbegehr
diese Schwächen zu benennen.

(F.N.) Friedrich Nietzsche-

»Wandelt sich rasch auch die Welt
wie Wolkengestalten
alles Vollendete fällt
heim zum uralten.« I/19

Schnelllebigkeit tritt zur Sühne
den Anderen zu vertreten.
Mensch gegen Mensch, die Bühne.
Dafür lasst uns Alle beten,

denn die Allheit, Wolken zu gestalten
als Vollendung; rasch das Leben
aufzubereiten: Hass und Gier zu entfalten?
Lasst uns Eins zu Eins die Hände geben.

Die Verführung Allheit zu erstreben, kann
das Wunder Mensch, als Einheit zu besehen
nicht der Machtbefugnis- Religionen-

seine, als Wahrheit, die EINE begehen, dann
wird blind das Verstehen.
Das Uralte mag uns vom Stolz verschonen.

»Alles das Eilende
wird schon vorüber sein,
denn das Verweilende
erst weiht uns ein.« I/22

Das Kind, das Jahre-Eilende, wird groß.
Man eilet heiter, fort und fort.
Das Alter nimmt auf in seinen Schoß
das Gestern, das Heute in einem Ort

der Besinnlichkeit –zu denken.
Mauern fielen dutzendweis` in den Raum
das besinnliche Atmen in Schranken
einzugliedern, ist der Menschheit Saum;

auch als Eilender, nie Verweilender
so denkt der Hastende, stets klein
und gliedert sich dem Wissen ein.

In dem Vorübereilenden
zu erkennen: jeder Anfang im Ende ist weit
stetig eingereiht im Zwischenschritt der Zeit!

»… erst, wenn ein reines Wohin
wachsender Apparate
Knabenstolz überwiegt

wird, überstürzt von Gewinn,
jener den Fernen Genahte
sein, was er einsam erfliegt.« I/23

Am Ende steht immer eine Mauer: gesetzt!
So sah ich als Kind ›Leben und Tod‹.
Nur das reine Wohin wachsender Apparate, fetzt
die Schwarzen Zahlen alle Rot.

So kam der Mann, der Knabe überwunden
stürzte alle Mauern ein
nur um, im Ich, zu gesunden:
Verstand, Mark und Bein!

Auch die Apparate, Hass und Gier gestundet
als Plakette ins Sein degradiert.
Das Ferne Genahte mag sein

ganz lang schon verwundet
abgelegt, als mauer- los massakriert.
Die unendliche Parallele erflogen: Mein!

*»… führen wir nicht mehr die Pfade
als schöne Mäander …«* I/24

Meine Pfade sind gestillt, beträmt, zerflossen.
Alle Kandelaber sind entzückt, sie
geben ihr Licht in menschlichen Gossen
gebündelt, als Rahmen- ‹wie›

schöne Mäander aus kühnsten Träumen.
Alle Pfade begradigt- Mauer an Mauer-
Glück, Pein, Leid, Not auf sich bäumen!
Das Leben selbst allein macht Dich schlauer.

Die Pfade ganz offen zu verstehen?
Bei Kerzenschein ist stets zu hoffen
den Wind des Lebens nicht zu verärgern, Er

bläst sonst aus, kein Wort bleibt bestehn.
Und all die Lichtzeit liegt betroffen:
wie der Trinker – im Wollen- ohne Gegenwehr.

»O du verlorener Gott! Du unendliche Spur!
Nur weil dich reißend zuletzt die Feindschaft verteilte
sind wir die Hörenden jetzt und ein Mund der Natur.« I/26

Ein einzelnes Wort ging mir verloren:
Gott und Natur.
Dem Menschen als Licht erkoren:
Wörter-Kur!

Beide Titel enden dort, wo das Wahre
in Misskredit bringet BEIDE.
Man trägt sie auf der »Wissen- Wollen-Bahre«
hinaus im Schwarzen Trauerkleide

denn Beide sind Einheit im Wollen und Geben
menschliches Handeln für sich zu veredeln.
Aus der Allheit heraus entsteht der Blume Strauß.

Auch der Mund, ist, nur wörtliches Leben
Götter wie Blüten an den Bäumen wedeln.
(F.N.)»Wissen ist Macht« So? auch ein Graus!

Thema II

Blickhorizonte
Erscheinungen des täglichen Lebens: ›Ich‹!

Teiresias! Die griechische Sage besagt: Er war 7 Jahre Frau, dann wieder 7 Jahre Mann, nachdem er 2 Mal eine Schlange erschlug. Im Götterstreit zwischen ZEUS und HERA wurde er zum Schiedsrichter bestellt und sagte dort zu Gunsten HERA aus. Daraufhin blendete Zeus T. und somit ging er, Teiresias, dann als »Blinder Seher« durch die Welt.

Ich? Ein Leben lang Handwerker, also (a) Praktiker und ebenso ein Leben lang, bis auf den heutigen Tag (b) ein Studierender an Universitäten, Akademien usf. Philosophie, Literatur etc! Somit wurde ich im letzten Abschnitt meines Lebens – Das Alter – für Alle Anderen zu Teiresias: mit dem Diplom VWL/BWL Abschluss in Hamburg. 10 Jahre Gasthörer für Philosophie an der Uni Hamburg und dem Literaturstudium der Universität in Leipzig … so wurde ich für mich kurzum zum Poeten! Für die Menschen im Umfeld war ich nichts anderes als dieser »Blinde Seher« der zwischen diesen Welten »Theorie und Praxis« auf und ab, für Sie, her und hin eilte, ruhelos, und doch (für mich) in sich ruhend.

Auf der Suche nach dem ›ich‹ in der klassenlosen Gesellschaft- Haben und Sein aufzuschlüsseln- in der Kaste Mensch, sehe ich diese Mauern überall.

Und davon möchte ich berichten. Warum? Für mich, um mich selber ein wenig besser noch erkennen zu können. Nicht um mich zu unterwerfen, nein, dafür reicht es nimmer. Aber? Um mich irgendwo einreihen zu können, als irgendein Blatt am Baum, das dem Stamm (Menschheit) irgendwann ein wenig Dünger sein kann. Wenn auch die Deutsche Sprache …

die, so meine ich heute, schon langsam zu hinterfragen ist: »gibt es sie denn noch?«

Also löse ich die Grenzen auf? Nein! Sie sind größtenteils nur die Fata Morganen und Ängste der Menschen, die in Raffsucht, Gier, Neid, Gewinnsucht und der Alles-Wisserei an die Fundamente dieser Mauern Mensch sich selbst heranführten, und daran zu Grunde gehen.

Dann gibt es die verschiedenen Schichten (a), der Praxis. Mauerverbände, steinsche, halbsteinsche Wände- Kreuzverband, Hohlschichten usw. bis zum Betonklotz- Bunker für die Kriege u.s.fort.!
In der Theorie folgen dann (b) Wände aus Privatkriegen: Diktaturen, Sklaverei, Rassenwahn, Religionszerwürfnisse usf.!

Fort vom Ich
läuft die Umrandung in ein fernes Land
dort ist jeder Rahmen bildgetragen
mir das anmutig edle Fragen:
wo bist Du: ich?

Da fand ich mich, zwischen den Regalen
Zeichen aufzunehmen, die im Rausch
der Farbeneinheit Mensch- nicht-
zu definieren waren. Blind geschaut

ist hier das Wörtchen Ich zur Masse
Mensch geworden, Er, der auszog alle Ichs
zu normen, denn die Umrandung
für das wesensfremde messianische Denken
wollt' das ›ich‹ mit Leben neu beschenken.

Dort hörte der Verstand erstmals auf!
man wechselt Glauben in Wissen um.
Das ist so der Allgemeinheit stiller Lauf
ein rahmenbedingtes Refugium.

So, das allgemeine messianische Streben
der gesunde Geist sich neu mit Leben füllt
als ›ich‹ und du, gemeinsam zu leben
Wissen in Glauben das Selbst umhüllt.

Fort vom Ich heißt: Hin zu Mir!

Hin zu mir ...

dieses stille Selbsterkennen
will die Einheit dort benennen
wo aus Haben Sein wird Dir.

In der Untermalung, Strich zu sein
am Gängelband der Menschenkaste
sitze ich am Rain des Wortes Schein
und der Stift, er wird zur Quaste

das ist der Versuch sich auzumalen
durch das Nadelöhr hindurch-
zu springen, um in ganz normalen
Dingen sich mit Wörtern einzusingen.

Ich gehe, sehe. Und doch sind überall Wände
die, sich reihen ein, das eine Wort zu werden
das das Ich befreit, den Mund die Hände
um nicht nackt in diesen Endlos –Herden

die menschlich allwissend, wollen sich befrei' n
in dem Übermaß der Reizepochen still
die Wände mit dem einen Wort beschrei' n
größer, weiser als das Göttliche zu sein. Ich will

das Licht im Blätterwald begrüßen
mit den Augen, selbst mit meinen Füßen
fall ich in den zuckersüßen Schein
nicht mehr ein, in der Masse, »Mensch« zu sein!

Wörter … Wort an Wort

Sprichst Du also von Gott, so sprichst Du Alle Glaubensrichtungen an. Mohammed verkündet unter dem Wort Allah. Der Indianer-Häuptling schwört auf Manitu. Die Alten Inder (regionalbedingt) z.B. die Parsen rufen ihren Zoroaster an usf. Dieses unerklärliche Nicht-Wissen: Glaube, Wort, Gott usw. Und dann? Ein Heide? Nein. Ein ewig Suchender, der sich als Mensch in diesen Wortbereichen einzureihen versucht!

… auf ein Wort …, und es wurde mein Leben, in der Wort-Galerie Mensch, irgendwo ›ich‹ zu sein.

Zahl und Wort zu binden, durch sichtbaren und den unsichtbaren Punkt auf der Wandtafel aufzuweisen? Dann kam der Skeptiker, und er blieb liegen, in der These für sich, schon immer Synthese zu sein. Da fiel mir SEUME ein.

… auf ein Wort …!

Seume: »Eine gute Tat, wenn sie wirklich die Probe hält ist mehr wert als Millionen guter Worte, aber, manches Mal ist das Wort die Tat selbst, und dann hat es hohen Wert.«

Also begann ich aufs Neue zu sprechen: Wort an Wort.

So entstand der Gedanke im Sein, Eingang wie Ausgang: ›ich‹ zu sein.

EMPHATIE, die (griech.) die Fähigkeit, sich in andere hineinzuversetzen

INTROSPEKTION die (lat.) Selbstbeobachtung. Eine Beobachtung der eigenen menschlichen Vorgänge als Vorgänge der Gewinnung psychologischer Erkenntnisse: die Selbstbeobachtung ›Introspektion‹

Fichte, der Philosoph meint: »von einem Unbestimmten lässt sich nicht Bestimmtes ableiten.«

»A posteriori ist die Zahl, inwiefern sie als gegebene betrachtet wird; a priori dieselbe Zahl, inwiefern sie als Produkt aus den Faktoren gezogen wird. Wer hierüber anders denkt, der weiß selbst nicht, was er redet.«

Aus der Einleitung seiner Wissenschaftslehre: »Indem du aber d i c h denkst, bist du dir nicht nur das Denkende, sondern zugleich auch das Gedachte; Denkendes und Gedachtes sollen Eins sein, dein Handeln im Denken soll auf dich selbst, das Denkende, zurückgeben.«

Aus dem ganzen »Wortkram« wie Goethe dieses Hergeleitete in seiner Farbenlehre bezeichnete, möchte ich ›Heute und Hier‹ näher eingehen.
(a) EMPHATIE und (b) INTROSPEKTION einfach ins Deutsche, meine mir angelebte, angelesene Muttersprache mir näher bringen.
Nehme ich die Fähigkeit an, mich (emphatisch) in andere hineinzuversetzen, dann komme ich, in meinem lebendigen, praktischen Handeln nicht daran vorbei, dieses »sich in Andere hineinzuversetzen« eine tiefere Beziehung mit der eigenen Selbstbeobachtung (Introspektion) mich anzufreunden.
Im tiefsten, meinem Dafürhalten, ist Empathie und Introspektion nicht voneinander zu trennen; sie laufen auf dasselbe einheitliche Gedankengut hinaus.
Die Fähigkeit, sich in Andere hineinzuversetzen geht über den Tatbestand der Introspektion, der Selbstbetrachtung, nicht hinaus. Hier muss eine Koppelung stattfinden, sonst könnte man das eine(a) wie das andere (b) nicht nachvollziehen.
Hier komme ich auf Fichte zurück: Ich = Ich. Subjekt und Objekt vereinigen sich. Ich kann das andere Ich erkennen: benennen.
Gut! Aber hier wird aus der These, das andere, dasselbe Ich zur Antithese. Sie bilden einen innerlichen Dialog, eine Di-

allele, eine in sich im Kreise bewegende Art des Schließens, einen Dialog mit sich selbst! So möchte ich diese Ich zu Ich Betrachtung mir näher bringen.

Diese Ich zu Ich Befragung ist eine Empathie. Ein 3. Ich muss sich in a und b hineinversetzen, also löse ich mein Ich auf und versuche über die Synthese sie (Beide) zu verstehen. Diese Synthese ist aber nichts anderes als dieses Ich= Ich als Spaltung zu verstehen, um in These und Antithese sich selbst mit dem vereinheitlichten Du der anderen, anzusprechen. Hier setzte die Introspektion, meine Selbst- Beobachtung, die Muttersprache, ›das Wort‹ in sich als Zeichen ein, zu deuten; das ich versuche mit Zeichen lösen zu wollen.

Ich = Ich, zwei Zeichen durch eine 3. Person, Dein Ich gesetzt, bebildert nun andere Zeichen. Hier wird jedes Zeichen, auch das Ich zur Masse, um über ein neuerliches Zeichen, zwei andere Zeichen zu verbinden.

Schon bin ich beim Ausgangspunkt –Ich- wieder angelangt. Ich beobachtete mich, um mich in meinem eigenen Ich hineinversetzen zu können. Wo landete ich? In der Synthese aufgefangen, wieder These: ich zu sein …. in der Empathie der Andere = Ich, das ist das Ergebnis meiner Introspektion. Und ich begann wieder wortlos ein gedachter Punkt zu sein! Das alleine ist mein Fundament: Ein Versuch Mauern zu umgehen, drüber hinweg zu sehen. Und dann? Dann bist du in Deinem ureigenen Ich angelangt. Wo das ist? FREI, du bist frei, mauer- los und doch, pass auf, das Dir daraus nicht eine Neue Mauer erwächst.

Sokrates sagte vor über 2 000 Jahren schon: zum Thema Gefahr: »dass die größte Gefahr für die Gesellschaft, auch für den Einzelnen, in der Vernachlässigung des kritischen Denkens besteht.«

Hüte Dich vor denen, die das widerrufen möchten.

Fort vom Ich
Einheit im Ring
öffnete die Norm
im Sinne Euklid`

»Einheit ist, wonach
jedes Ding EINES genannt.«
So, auch der Halm
am Bach im Ried

das Blatt am Baum
Licht-Spender dem Stamm.
Das ist mein Ich, im Traum
wie die Zinne,Teil vom Kamm.

»Zahl ist die Einheit der
zusammen gefassten Menge!«
sagt die zweite Definition
Euklid'.

Und ich teile ihm wissend mit
in dieser Definition Eins und Zwei
sind wir schon zu Dritt
denn ich, mit meinem Wort bin gerne dabei.

Plagiatdenken? Mag sein, Aber?
Muttersprache schließt auf den Schrein
über das Wort, Teilhaber, Eigner
seiner Gedanken, trotzdem, Selbst, zu sein.

WIR und ich: das Wir-Ich.

Am Anfang war nicht das Wort. Man sollte anders folgern. Durch das Wort war ein Anfang, selbstredend geboren .Der Mensch im Wort.

Grob ist das WIR, die Menschen (Der Mensch) insgesamt, und ich, der Einzelne. Wobei im abgelegten oberflächlichen Denken das Ich auch Masse ist, ein Wir; die vielen Ichs im Ich in diesem Wir hinaus manövrieren: Kindheit, Jugend, Alter usf.!

Ich = Ich, so frei nach Fichte, ist mir z.B. dieses Ich-Wir! Denn ohne ein 3. Ich könnte ich dieses Ich = Ich nicht denken. Die Beiden Ichs die sich befragen, belauern etc. sie sind ohne Empathie, sich in den Anderen hineinzuversetzen, gar nicht möglich. Schon habe ich im Grunde schon 4 Ichs, die im 5. Ich die ganze Hin und Her Redeschlacht aus dem Innersten herauslassen muss. Bilde ich dann noch mathematisch die negativ geladenen Ichs hinzu, dann endet im Grunde alles wieder bei (1) einem Ich, die These, mit der diese Auseinandersetzung einst begann.

Das Licht in meinen Augen nicht berücksichtigt ergibt ein Blinzeln, in diesem Ich- Zustand zu sein: als(1) Werden im Sein!

Dann bin ich mit einem Male wieder
bei mir ganz allein in all dem Wir- Ich
EINS zu sein ›ich‹!

So verfolgt mich Wort auf Wort
nur um EINS zu sein im All.
Ich bewege mich ganz simpel fort
wie der Tropfen dort im Wasserfall.
Im Teiche dann, der diesen Tropfen band

wurd' ich zu Mensch, und Wasser: Wort!
Die Tropfen dort als See benannt:
Ich = Ich, der meinen Seele Ort.

Die denkende Hand, wenn sie schreibt, Wörter an die Wand!

Wenn sich die Hand nach meinen Gedanken ausreckt, um bei mir zu sein, dann beginne ich zu fragen: und es kam kein Wort.

Wenn sich mein Auge hinter einem Licht verstecken möchte, dann beginne ich zu fragen: Warum? Und? der Schatten dann, er sagt mir stumm: Die Blindheit liegt in jedem Wort begraben. Nur der, der wortlos sehen will beginnt mit dem Sinn-Sehen- die Augen zu öffnen: ein Wort? Nein- Ein Blinzeln bedroht den taufrischen Blick geschlossenen Auges gesehen zu haben!
»Wo?«
Dort, wo jedes Wort beginnt.
»Wo ist das?«
Schließe Deine Augen und begebe Dich auf diesen Weg, hinter das Wort, Licht, zu schauen, dort, wo Deine Wörter, Wort bei Wort, von Grund auf ständig NEU aufzubauen sind.
»Wo ist das?«
Da ist das wortlose Begehen der Milliarden Neuronen, die Gehirnzellen, die immer nur einen minimalen Teil von sich geben können, von der unendlichen Vielfalt was man in einem Wort- gegeben- zum Leben erweckt. Jedes Wort – ist- immer nur ein ganz geringes Teilchen von dem, was nicht ins Wort zu kleiden ist. Kleidest Du trotzdem ein, das was Du denkst, dann sei gewiss, auch Dein Gegenüber hat ähnlich viele Neuronen, die alle diese ausgesprochenen Zeichen durchs Gehirn auf und ab rieseln lassen, um diese Milliarden Teilchen in Ein(1) Wort zu formen, einen Satz: etc!

Durch intensives Miteinander, dieser Gedanken, Diskussionen usw. kommt man dann von Beiden Seiten dem Gedachten ein wenig näher, wobei die totale Auflösung dann eher durch ein Blinzeln der Augen, Auflösung verschafft.

An der Stelle sollte man aber nie und nimmer über das Wort Blinzeln an den Inhalt des Gesagten, herankommen wollen. Zum Beispiel ein Gedicht, eine lyrische Wortanordnung hat dann noch die Möglichkeit, über Metaphern- Fingerzeige – durch das Lesen bestimmter persönlicher Texte, nicht total, aber meiner Ansicht nach sollte man dem Schatten »Mauer-Wort« ein wenig mehr Licht eingeben.

Selbst jeder Kuss, gegeben, ist im Grunde auch nur ein Wort in der Hierarchie besser an das Innerste des Anderen heranzukommen.

Aber Liebe ? Sie (Es) gehört zu den Begriffen die in allen zählbaren Zahlen vorkommen, das, was durch einen Kuss abläuft zu entblättern. Es sind Worte, Wörter geblieben und klingt auch ein Gedicht märchen- haft: ein Kuss wird immer ein Märchen bleiben: ungelöst. Und somit gelöst. Eins + Eins = Eins.

Die Mauer im Werden

Tränen. Wüsten beginnen zu keimen.
Verstehen lernen. Ich gehe.
Die Wehe vor mir ›übersetzt‹
kann Schönheit bedeuten, nicht zuletzt

bei ihr in der Dünung, Trost zu finden.
Erkennt der Regen seine angelegten Spuren?

»Erzählen kann man viel«
sagt des Volkes Mund.
Fata Morganen besorgen das SEIN
in flirrenden Ergüssen im Tageslicht.

Tatbestand: Spiegelbilder- Sein
wortlos allemal und doch ganz fein
ein Werden, im Wort ganz banal
ein Ich, ein Wort, eine Zahl.

Eine Mauer im Werden: Stein bei Stein.
Wüste, Du, dem aller Lichter Widerschein.
Im Trunken der Worte Wasser = Leben:
Mauern, im Werden einzuweben.

Gib auf den Gral, der Wörter Mal.
Jeder Kelch wird Dir Masse: Wüste, ›Zahl‹!

Aufgewacht im Dämmer-Ton

den Morgen zu begrüßen, so sitze ich
am Fenster wortgebunden- träumend dort
der Zeit voraus zu schau' n.

Ich denke an den einen ersten Kuss
den du mir einst gegeben
mit wachen Augen, tagbefreit.
Der sanfte Nieselregen streute mir
Begriff auf Begriff mit Hingabe
aus dem Dämmerlicht:1. Kuss.

Schließe Deine Augen dann wird auch Dir
das wortloseste Ambiente verzeih' n
das Gegebene in Wörter zu versteh' n
mit nichtgekostem Wort den Tag
der mies begann in einem anderen Lichte sehn:

Aufgewacht!

Frühlingserwachen auf einer Bank
des Titelbildes für einen Refrain.
Eis und Schnee überwindend:
aufgeschreckt in Gedanken ›ein Reh‹!

Leben ist das Sein auf Erden. So?
wie das Licht den Schatten löst.
Manche Märchen sind wahr, so wahr
dass man sie nicht nachvollziehen kann.

Manche Erlebnisse gleichen dem Traum
Seele einbindend in Stoff und Zeit.
Das Bernsteinzimmer, ein reiner Gedanke
goldbesetzt, den Garten Eden, im Geleit.

Gedanken bilden in Blühen um
steuern Zeit in das große Sein hinaus.
Die Eizelle wird zum Stillstand degradiert:
Außenwelt. Das Auge nimm in die Hand:

Eins plus Eins= Frühlingsland!
1+1= 2, nur eine Zahl im Verband!

Dieses Frühlingsahnen auf der Bank
Zahl und Wort in der Gemeinsamkeit
machen mich krank. Es wird Zeit
sie ewiglich zu trennen im Rapport
»Zahl ist Zahl (…) und Wort ist Wort«

Z. B.: ein einziges Wort: ›Kuss‹!

Ungelegen kam mir der Gedanke flugs
in den Sinn, nistete sich ein
als ob die Sonne selbst
wollt' mich befrei' n.

Da erkannte ich des Wortes Fluch
zu verallgemeinern Stein und Bein.
Alles Blendwerk in den einen Kuss
mir umzuwandeln.

Das Tagewerk war Heute nur, ein Wort
ein einzelner Gedanke aus dem Blumenbeet
dem Gänseblümchen die Hand zu geben
mit offenen Lippen Leuchten zu erleben.

Warum? Das Wörtchen Heimat: Mauer-Seele
mein Lippenerleben, Sehen, stoppt.
Die Dunkelheit des Tages, eine Diallele
öffnet den Ring, des Wörtchens: gemoppt.

Ein einziger Kuss nahm auf mein Wort
Gedanke nur, und doch, es blieb
dies Gänseblümchen, seligster Ort.
Dein Kuss- Heimat- als Zeit, ein Seitenhieb!

Blick- Horizont: Mauer

Wenn ich vor einer Mauer stehe
einen Schritt »Beiseite« gehe
dann sehe ich
zweimal: Mich!

Einmal ich: davor.
Das zweite Ich, dasselbe, dann
erweitert so den Chor
der Zweiheit, die, ich so ersann.

Ich = Ich, so sagte Fichte
machte alles Licht zu Nichte
und gebar, um zu begründen
zweimal Eins aus allen Pfründen.

Dieses Ich zu spalten, gegen
eine Wand das Ich zu fegen, dann
das Selbst, es widerstand dem Segen.
So das Thema Mauer ich ersann.

Ich, das Subjekt sagte Ja
das Andere, das Objekt es sagt nein.
Da frage ich mich ganz insgeheim:

»Wo ich?« und diese Mauer sie war wieder da!

Der Rahmen, er war gegeben: trist
die Frist auf Erden gemeinsam zu leben.
So ernten wir dies taufrische Geben.
Rein ist der Nektar, doch kalt ist die List.

Alkoholberauscht, so die Trauben.
»Trunken«, das ist Seligkeit, hast Du's vermisst?
»Betrunken« ist die Hingabe der Tauben.
Dunkelheit, das Licht im Ich vergisst.

Die Bienekönigin setzt in die gegebenen Waben
vom Ich beseelt und geistbefreit -Ei bei Ei-
das Wörtchen Knechtschaft an den Rand der Zeit.

Wissen wird Glauben, so die trunkenen Gaben
mit den Sinnen nimm das Wort tiefst anbei
wortgeschmückt sind deine Hände: sei bereit.

Auch Glaube kann ein Wissen sein
nur wortlos muss er bleiben, das
ist das Trunken, schaust Du in das Licht hinein.
Wortlos ist der Begriff: der Seligkeit Fass!

Der Rahmen ist das Haben
das Bild ist das Sein: (…)
schütze auch Du Deine Königin!

Die Alten Welten im Vorübergehen
als Selbst anzusehen.

Am Rande der Wüste eine Tränke
zu hell für das Auge, zu weit
für den Raum: das unendliche Wort.

Tränen rinnen am Regenbogen entlang
beflüstern den morgendlichen Chor
der Schritte, die das Selbst vom Raum befreit.

Die Alten Welten sind schon lange entflogen
manches Heilige Wahr schied aus: Gelogen!
Und am Sternenhimmel flog ein Wort ins All
der Sündenfall.

Was aber war geschehen dort am Firmament?
Ich stehe da und sehe flugs den Star
ein Vogel, der vom Federkleid getrennt
nackt, wortlos trällerte sein Lied.

Die Alte Welt ist nur das Alte Wort.
Das Neue Erdenleben es gebar in sich
den Kern der Alten Welt nur einen neuen
scheuen Namen: Wort an Wort.

Das ist die Zeit, sie befreit die Mauersicht
ummantelt nur das Wort: Gesicht!

Wort-Götter: Menschen

Gott formte nicht die Menschen nach seinem
Ebenbilde: Die Menschen formten (formen)
nach dem Menschbilde ›G o t t ‹
Glaube wird zu Wissen umgestanzt

fließt durch alle Religionen ein
ganz gleich welcher Richtung sie auch sind.
Sie? wissen Alle! An der Stelle wird Gott
durch die Zäsur ›Glaube gleich Wissen‹
in den Religionsgemeinschaften ›weltweit‹
als ureigene Wahrheit ausgerufen.

Nach Euklid: »Zahl ist die Einheit der
zusammengesetzten Menge.«
So wurden Religionen zur Wissenschaft:
Man zählt …!

Glaube dagegen, ist er rein, wird nie
EIN Wortwissen sein. Das ist mein un-
konventionaler Schlussakkord, über
das Wissen an sich, den Glauben als die
unumschränkte Einheit des Einzelnen
zu verstehn: und DAS- wortlos- allemal.

Thema III

Warum Mauern, Grenzen ...
Rilkes Teil II »Die Sonette an Orpheus«

›ich‹

Das ist die Kurzformel meines Sehens!
Heideggers undefinierbares Wörtchen SEIN!
»Ich = Ich«* ist mir eine Diallele
in der beiden Seiten offenen Parallele
ohne Anfang, ohne Ende, dort ist der
unendliche Punkt ›ich‹ eingekreist
mein Sichtbarwerden als Gestalt, ein Wort
auf dieser Mutter Erde: verwaist? (...)!

Messianisch denken? Nein, ganz einfach
Mensch ... allein. Messianisch, das ist
ganz allgemein, sich selbst zu beschenken:
»Ich denke als muss ich sein!«

Dort ist das Wörtchen ›ich‹
man mag es mir verzeih' n
ein Wort mit hölzernem Bein.

Angelangt auf dieser nackten Erde
bereitet sich vor ein einziger Schrei
die Wehe dieses Wort mir zu gebären:
›ich‹ und schon war ich frei!

* (Fichte)

Aus dem Nachwort »Die Sonette an Orpheus« (Rilke) von **Ulrich Fülleborn**. (Zitat) S. 72-

»Beda Allemann sieht die Auflösung dieses Widerspruches bei Rilke in einem durchgehend paradoxen Konzept, dessen Verwirklichung er Paramythos nennt. Danach enthalten die Rilkeschen Mythen eine unaufhebbare Spannung, die aus dem Bewusstsein ihrer Unmöglichkeit resultiert. Vielleicht aber geht die innere Widersprüchlichkeit des Phänomens noch weiter, indem Rilke doch an die Wiederkunft des Mythos glaubte, oder wenigstens ernsthaft auf diese Möglichkeit baute.«

Engel oder Orpheus, als Gott des Gesanges der Alten Griechen, bilden für mich kein »Paramythisches Problem« da in der Infinitesimal Methode hin zum Kleinen immer noch eine Möglichkeit besteht (bestehen soll) Nichterkennbares, nicht Fassbares einfließen zu lassen.

Die Knospe, – die Aufbrechende-, jede Phase ist ein Jetzt, ein unbeschränkter Aufbruch hinein ins SEIN und welkend dann auch wieder hinaus: Humus für die neuen Knospen!

In diesem nicht zu fassenden, nicht mit einem Einzelwort zu fassenden Gedanken, dort beginnt einfach das Nichtwissen, das der Mensch zum Glauben (als Allwissender) umfunktioniert, und mit den einfachen Wörtern zur Wahrheit, zum Wissen, hochstilisiert.

Um alles noch komplizierter zu machen verdoppelt man dieses formelle Jetzt in › Paramythos ‹. Und Er, der Wahre meint gefunden zu haben … Para … Para …!

Dort, wo Engel und Orpheus EINS werden, dort blüht der

Mythos fort und fort. Mancher König wurde Gott, mancher Mythos wurde zur Wahrheit umfunktioniert: und schwups müssen Gläubige wissen. Dieses Wissen dann wird den Kindern eingeimpft, siehe Kindersoldaten in Afrika.

Sektenführer dürfen, müssen töten ... welchen Mythen stehen dem Sokrates noch bevor, der einst wissend pries: »ich weiß, dass ich nichts weiß.«

Er wurde für mich Erkennender des menschlichen Jetzt jener Zwischenstufe, dort, wo Glaube und Wahrheit ausgebeutet Macht ergibt. Und der Untertänige nimmt Glaube als Wissen hin: und Sie töten und töten auf Geheiß.

Irgendwann wird jeder Glaube, nach Sokrates erkannt! Dann aber will es niemand gewesen sein! Ob es einen Neuen Mythos, im Sinne Rilkes gibt? Nein, das Wort Mythos wird stets zugegen sein und bleiben, wenn Menschen sich selbst in diesem Mythos zum Gott erheben.

Und das beginnt schon ganz alltäglich bei Fußballgott usw.! Ich neige mein Haupt nicht vor Wort-Göttern: es blieben mir, die Knospen, sie zu lieben, wenn sie den Frühling ankündigen!

Ein Neuer Mythos? Nein! er ist so alt wie es Menschen und Wörter auf dieser Welt gibt.

Der Name dafür? Dafür wird es nie einen Namen geben. Er ist einfach da: dieses Nichtwissen im Sinne Sokrates: Wissender zu sein!

Jetzt der Übergang zu den eigenen Gedankenbrücken, mich an Rilke heranzuwagen und selbst als Selbst mit Kleinstsonetten zu belegen: von RILKE zu lernen.

Zu Teil II »Die Sonette an Orpheus«: vorweg immer die aus seinem Werk gewählten Teile, die meine Aufmerksamkeit erweckten.

»Atmen, du unsichtbares Gedicht.
Immerfort um das eigne
Sein rein eingetauchter Weltraum. Gegengewicht
in dem ich mich rhythmisch ereigne.« II/1

Jeder Luftzug ist des Wortes Sicht
dem, ich mich »rhythmisch ereigne«
um der Einatmungspflicht
nicht zu entgehen, bezeichne

ich, den Körper als Filter: hinterlegend.
Ausatmen nicht mit Eingabe:
Hass, Macht, das Ich bewegend
als Monopol, die Sprache, als Schabe

zu verstehen. Fußböden- Rückstände
in das Atmen einzuweben …!
Das Gegengewicht? In dem ich mich

rhythmisch, Auf und Ab, die Wände
als eingetauchten Weltraum Leben, will erleben.
Mein Gedicht ATMEN wird unsichtbar bleiben: ICH!

*»Und in das Atmen der echten Gesichter,
später, fällt nur ein Widerschein.«* II/2

Spieglein, Spieglein an der Wand
wohin mit dem Gesicht das atmen soll?
Wir treten ein in jenes Wunderland
und jedes Wort, im Ansatz, wurde Groll.

In den Zwischenräumen
von Licht und Widerschein
träumt mein Ich zwischen kargen Bäumen.
Ausgerodet ist der traute Hain.

Im Widerschein alleine sollen
sich die echten Gesichter spiegeln!
So, der Hausherr, der' s befahl.

Doch später wird der Raum vom steten Wollen
überquellend, jeden Atem versiegeln.
Das Licht? es klebt verglüht am Marterpfahl.

*»Spiegel: noch nie hat man wissend beschrieben
was ihr in euerem Wesen seid.« II/3*

Das Wesen eines Spiegels ist Skeptiker, Er
der blind, entflammt, zurückgibt
jene Herzensgabe. Wer
soll geben, dort, ungeliebt

in Wahrheit sich bekennen?
Im Ausatmen schon inhaliert zu haben?
Den Atem am Spiegel zu benennen?
Mögen sich Wahr und Lüge als Raben

nachtschwarz beschreiben
jeden Spiegel, skeptisch als Ihr Wahr
in Ihrem Atem, wissend, bekennen.

Reflektierter Odem ist des Spiegels Treiben!
Deine Antwort? wird im Spiegelbilde klar
Du wirst Dich stets zum König selbst benennen.

»Ihr, wie mit lauter Löchern von Sieben
erfüllter Zwischenraum der Zeit.« II/3

Kann ich die Löcher im Spiegelbild erkennen?
Dort alleine schließt sich der Kreis.
Zwischenräume im Wort benennen?
Das erfüllt mir nicht den Beweis

im Atemsieb das Licht herauszuweben
erfüllt, als erfühlt, zu erkennen, bald
die Löcher im Sieb mit Zeit zu beleben?
Dann ergrünt das Wort und somit der Wald.

Jedes Blatt am Baume: Lichtspeicher!
Trotzdem strömt das Licht hindurch.
Am Boden giert das Kraut, der Farn

nach diesem Zwischenraum der Zeit, um reicher
sich zu kümmern ums Gras und dem Lurch
zu weben, des Lebens zartestes Garn!

»O dieses Tier, das es nicht gibt
sie wussten` s nicht und haben jeden Falls
-sein Wandeln, seine Haltung, seinen Hals
bis in den stillen Blickes Licht- geliebt.« II/4

Das Einhorn

Und es gibt sie doch, die weißen Hirsche
die singenden Götter Griechenlands: ARKADIA!
Die weißen Mäuse, die Blüten der Kirsche.
All das Erträumte bleibt im Worte immer da.

Das Einhorn, als Fabeltier durch die Sinne geistert
wie das Wort, wenn nicht grunderneuert
der Einzelsinn ihm zeitlos meistert.
Das Einhorn? Und jeder tiefst beteuert

er hätte es irgendwo schon einmal geseh' n.
In den stillen Blitzen Licht- geliebt.
So rafft sich das Wunder auf Wunsch durch die Zeit

dort wird aus Glauben schnell ein Wissend- Gescheh' n
so wahr, wie der Anemonenteppich – frühlingsgesiebt
erfüllt das Meine dort seine Ewigkeit.

*»Zu einer Jungfrau kam es weiß herbei
und war im Silber-Spiegel und in ihr.« II/4*

Zu einer Jungfrau kam der weißgehörnte Ritter
schon als Kinderträumerei erneut ständig vorbei.
In Ihrem Herzen saß tief der Splitter.
Alles Andere wurd' Ihr zum Einerlei.

So zog die Schar der Ritter ihre Schwerter
zu kämpfen um sie, her und hin
bis das Kind, das sie bekam in bewährter
Natur- zerfürcht ward er, ihr Sinn.

Die Tage wurden Grau und herbstlich, so
wie das weiße Einhorn ward zum Himmel
u. s. fort. So fließen Träume in den Tag hinaus

bebildern die Sonne selbst zum Mond, wo
am Ende die Nacht den Morgenschimmel
zerstörte den Traum, auf Erden: ZUHAUS'.

»Aber wann, in welchem aller Leben
sind wir endlich offen und Empfänger?« II/5

Was hoffen Wir zu empfangen?
Im Wie und Wo liegt begraben
das an sich Begradigte- Verlangen
zu entfesseln. Den letzten fressen die Raben

schwarz, verschleiert schwebt das Wann
im Blick- Horizont der Welt entgegen
und aller positiver Lebensmut zerrann
sich offen in ein Wort hinein zu bewegen.

Worte allein, werden nie, im Wann und Wo
Dir Antwort geben. Offen bleibt stets gedeckelt
gehst Du nicht selbst in den Blütenkelch hinein.

Fliege wie die Imme, an den Kern, so
nimmst Du dem Rahmen, das gesäckelt
Offene. Dein Herz muss im Selbst Empfänger sein.

»Seit Jahrhunderten ruft uns dein Duft
seine süßesten Namen herüber, …
plötzlich liegt er wie Ruhm in der Luft.« II/6

Manches Schaumbläschen zerplatzte: aufgelöst.
Kein Duft, außer Laugenbläschen- Ruhm
flog der Hoffnung einen Namen herüber. Gedöst
floss der Sinn zum Rosenkelch- Boom

die Seifenblasen im Rosenduft zu ersticken.
Ruhm in der Luft, ist, wie Kriege: gelitten!
Der süße Name? Vögel aufpicken
Krume an Krume. Das Fleisch zart geritten

der Urvölker Plan weich zu machen das Fleisch: Und?
den Ruhm. Jetzt aber zur Rose
Kelch der Natur: Licht und Weit.

In mir ist aller Ruhm verflacht, denn bunt
ist, ohne, Ruhm meine Sinnespose.
Irdischer Glanz allein? Die Rosenzeit!

»Blumen, ihr schließlich den ordnenden Händen
verwandte …!« II/7

Blütenblätter gebündelt: eine Blume!
Finger gestreichelt, Blatt an Blatt: Die Hand!
Verwandt ist die Natur zum Ruhme
der Städte, Fluss und Land.

Ordnende Hände, gefüllte Diademe.
Kischblüte, ungezählt, verwandeln das Land.
Und am Boden, Staub, gestrandete Poeme
auch Wörter bilden einen Blumen-Verband.

Manch Wort ward zur Blume, manch Blume
zum Wort. Verwandt ist das Licht
mit der Knospe, der ordnenden Hand

Sie, die das Wörtchen Natur macht zur Krume
das Öffnen hin ins Punkt- Gesicht
glitt den Händen ins Wort, zu ordnen, Bild und Land.

»Leise ließ man dich ein, als wärst du ein Zeichen
Friede zu feiern …!« II/7

Denkst Du an Frieden, kommst Du am Krieg nicht vorbei.
So ist das mit den parallelen Gegensätzen
den Kriterien der Alten-Griechenzeit. Einerlei
Liebe mit Hass zu verätzen

oder im Schein: links, rechts- groß und klein.
Kategorien fließen als Kriege durch das ABC
wie Fleckfiber am Bein
so, wie der April: Sonne oder Schnee.

Also ließ man mich ein. Im Hoffen
Frieden mit Ihnen zu feiern. Und ich begann
meinen Atem zu öffnen. Das Gedicht war befreit.

Was jetzt geschah? Sie schauten ängstlich, betroffen.
Meine Lesung durch Frieden im Krieg zerrann.
Das offene Wort ganz befreit war die Zeit!

»Töten ist eine Gestalt unseres wandelnden Trauerns …
…
Rein ist im heiteren Geist
was uns selber geschieht.!« II/11

Ist Töten menschlich? Sag an!
Und ich begann. Kriege aufzuzählen
Eins, Zwei, Drei, bis mir das Wort im Mund zerrann.
Ich fragte noch . › soll ich wählen‹ ?

Rein könnt' mein Geist, hier, nicht heiter sein.
Und ich begann aufs Neue Mensch zu kreieren
um menschlicher zu machen Wort und Pein.
Viel hatte ich ja nicht zu verlieren:

denn, es geschah Reines in mir.
Und heiter wurde selbst mein Geist:
die verblendete ›Zählung‹ Frieden und Krieg!

Sie gehört nicht zur menschlichen Zier.
Heiter und Rein wird allein meist
ohne Sieg, das Gerippe: menschlicher Sieg!

»Wolle die Wandlung. O sei für die Flamme
begeistert ...« II/12

(F.N.) »Ja ich weiß woher ich stamme
  ... Flamme bin ich sicherlich.«
So beginnt und endet seine 6 zeilige Flamme
Nietzsches, Selbst, zu sein: im Ich

den Geist zu hinterfragen?
Bin ich Schatten oder Licht?
Helles Leuchten oder dumpfes Zagen
so das Wort die Notdurft bricht.

Will ich diese Wandlung? Nein.
Ich bin auf meinem Wege
Kohle und Asche zu beschwichtigen: Mein!

Jeder Schritt ein Ich, wenn auch klein.
So gehe ich meine endlose Stege
im Lichten, Selbst, diese Flamme zu sein!

(F.N.) Friedrich Nietzsche

»*Wer sich als Quelle ergießt, den erkennt die Erkennung
und sie führt ihn entzückt durch das heiter Geschaffne
das mit Anfang oft schließt und mit Ende beginnt.*« II/12

Mein Poem ist am Ende stets Anfang
wie Diltheys Blüthe schon Frucht in sich.
Alles andere ist der Zuordnung Gang.
So fand das Innere, Ich: Mich!

Dank der Verheißung, gekost zu haben
wenn auch das Licht im Kuss je ertrank.
In der Gedankenwelt ist der Quell das Laben:
Wort und Wörter wurden krank.

Ich gebe mein Wort als Ende in die Schranke
beginne den Quell erneut zu befragen:
wo bist Du Quell? Im Erkennen?

Da betrat ich aufs Neu die wacklige Planke
und ging weiter ohne zu zagen
je wieder Quell oder Fluss zu benennen.

*»Sei allem Abschied voran, als wäre er hinter
dir, wie der Winter, der eben vergeht.«* II/13

Das sind im Grunde nur die negativen, die
Stationen, die, so gesehen überwunden sind.
Aber? Mancher Abschied bedeutet für sie,
auch Wiederkehr. Verabschiedet sich ein Kind.

Dann bin ich voraus, Vater und Mutter
am Kaffeetisch sitzend zu sehn
und erhoffe, dieser Abschied ist, wie der Kutter
einer Wiederkehr im Rahmen: Verstehn!

Mancher Abschied kommt unvorbereitet
wie soll ich Ihn begehen
wenn voller Freude auch die Funken schlagen.

Soll ich da ganz förmlich übergeleitet
ständig den Abschied sehen?
Ich träume von den Tagen der Wiederkehr: Noch Fragen?

»Vorrat der vollen Natur, den unsäglichen Summen,
zähle dich jubelnd hinzu und vernichte die Zahl.« II/13

Oft zählte ich und wurde verschlungen.
Die Menschen wurden Masse 1 und Zwei.
Habe oft mit Tränen gerungen.
Manche Dummheit war auch dabei.

Selbst die Namen wurden Zahlen
im Vorrat der Natur. Summe
die nicht aufging. Die Qualen
flatterten gleich der aufgescheuchten Lumme

in den Endloszahlen- Hin und Her.
Da bemerkte ich im Worte Natur
ein klingendes Reimen, wie Blumengrüße.

Und ich begab mich ab von der Zahl Begehr:
nur Menge verkörpert! Mein Schwur?
Vernichte die Zahl und? Es blieb der Blume Süße!

»O Brunnen-Mund, du gegebener, der Mund
der unerschöpflich Eines, Reines spricht.« II/15

1936

Am Brunnen, Sie, die Schöne, Maid, vom Lande.
Vorübereilend der stolze Jägersmann: mit dem Glas.
Sie schöpfte aus diesem einen Grund, am Rande
Brunnenwasser, des Hauses kostbarstes Nass.

Er sprach Sie an, die Schöne, Reine. Sie
aber schaute verlegen hinab in des Brunnens Schlund:
unendlich Reines stets er gab, wie
einer Seele Spiegelbild, unerschöpflich- gesund!

Sie schauten gemeinsam hinein in die Weite
diese endlose Nähe. Das Eine, Reine, Maß
war in der Folgezeit die tiefste Brunnenbreite:

der Brunnenmund, dies unerschöpflich Eine, was
reiner nicht im Spiegel könnte sich befrei' n.
Ein Jahr später gab es mich. So, soll es gewesen sein.

»Gibt es denn Bäume, von Engel beflogen?« II/17

Ja, sie gibt es! Schmetterlinge im wallenden
Bunt beglücken die Blüten, der Lichtstafetten.
Singende Vögel beglücken, blütenblätterfallenden
Frühlingsreigen. Melodien, losgelöst von Ketten.

Und der Mensch im Seelenzauber der Frühmusik?
Engel, die flügelschlagend, die Sinne beglücken,
Aerodynamisch teilt sich im Weltoffen diese Rubrik
und hält von Kummer und Leid, frei Dir den Rücken.

»Das waren doch Vögel, Schmetterlinge, Bienen
Zwergspitzemäuse, Menschenträume u. s . fort.
Aber Engel ? O nein waren nicht am Ort.«

Schließe aber nur einmal Deine Augen. Im Dienen
Deiner Seele zu huldigen. Und schon geht über Bord
Dein Nein! Ich stehe mit Engel und Dir im Baum: so mein
Wort!

»Blüthe nicht, dass ihn dein Schwingen von vorhin umschwärme
plötzlich sein Wipfel von Stille? Und über ihr
war sie nicht Sonne, war sie nicht Sommer die Wärme.
diese unzählige Wärme aus dir?« II/18

Diltheys Blüthe ist Frucht in sich
so er, der Philosoph. Die Frucht selbst ist nicht mehr
seinem Ich zugehörig. So fing er mich
Blüthe treibend in meinem Worte schwer

mich ab. Im Schweigen der Wipfel, Blütenkelche
mit Sommer und Sonne einzuspinnen, so beginne ich
von der Wärme in Dir, diese Stille, welche
mich umgab, und wurde selbst Blüte in sich.

Schwingen und Stille. Beides in dir ›Wärme‹!
»Über allen Wipfeln ist Ruh.« im Goethelatein.
So schlüpfe ich in die Sommer- Sonnen Zier

und alle Wipfel bilden im Geläut der Därme
Einheit mit dem einen Edelstein:
und Deine Wärme wurd' ein Teil von mir!

»Nur dem Göttlichen hörbar …« II/19

Die Wortwahl »nur dem Göttlichen hörbar«
ist vermessen. Diese Aussagen insgeheim
machen alle Religionen zerstörbar
da solch ein Wort im menschlichen Keim

erstickt. Er, jeder Schreiber dieser Sphären
will überflügeln sich in seinem Latein.
»Hören, Wer?« das sind alles Wörter-Mären.
höher als Gott? Wer schätzt das ein?

»Das Sein ist undefinierbar,« so der Philosoph, Er
der ein ganzes Buch dann darüber befand, zu finden
den Glauben, im Wort allein, allwissend zu sein.

Daran hapert das Diktat aller Religionen, wer
gesteht sich selbst schon ein, Göttliches nicht zu binden
in ein Wort. Wortlos rein allein ist der Glaube: DEIN!

»Und das Lamm erbittet seine Schelle
aus dem stilleren Instinkt.« II/16

Die reine Antwort, sie, wird immer Frage
bleiben. So, wie die reinste Frage, schon
sich selbst, bewörtelt, so die Sage:
das alleine ist des Lammes Lohn.

Die Frage ist dem Lamm das Schellen
der stilleste Instinkt: Leben –
Bejahung, sich dem Tag zu stellen.
Frage mit Fragen zu begehn, sein Streben.

Das Lamm erbittet nie die Schelle, dann?
Dort unterbricht der Instinkt in Dialogen.
Sie gebären allein den Klang Schelle

als jene Antwort Frage wurde. So begann
entfernt von Seele selbst vom Sein betrogen
das Lamm, als Selbst, trat fragend auf der Stelle.

»Zwischen den Sternen, wie weit, und doch,
um wie vieles noch weiter,
was man am Hiesigen lernt.
Einer, zum Beispiel ein Kind … und ein
Nächster ein Zweiter
o wie unfassbar entfernt.« II/20

»Warum in die Ferne schweifen, wenn das Nächste liegt
so nah?« So des Volkes Stimme spricht
und die Kategorie – Wunderwelt Weite, – fliegt
das Kinderlachen in des Raumes Angesicht.

»O wie unfasslich weit« strömt Dein Licht vorbei.
Ein einfach kleines Dichterwort
erinnert an der Lebensweite Allerlei
zwischen den Sternen, dieser umgaukelte Ort.

Das Fassliche als Wort in alle Himmel zu legen.
Sich mit Flügeln zu bestücklen und davon zu fliegen.
Um? ganz menschlich bei Eins und Zwei

zu landen, »ich weiß, dass ich nichts weiß«. So bewegen
wir uns auf den großen Punkt hin, zu siegen
mit Sokrates ewiglich Wissender zu sein: ich bin dabei!

»Fische sind stumm … meinte man einmal wer weiß?
Aber ist nicht am Ende ein Ort, wo man das, was der Fische
Sprache wäre, o h n e sie spricht?« II/20

Menschen sind stumm, meine ich, höre
ich sie plappernd auf Erden: weltweit.
Warum auf Fische übertragen, diese Chöre
Nichtssagender, wo man der Sprache Zeit

ohne Worte, wortlos versteht, wenn das Debakel
im Plappern nicht menschlich- wortlos ich es seh.
Die Muttersprache wird weltweit stumm- im Makel
mächtiger als Göttlich zu sein? Ich versteh

oft die Fische in Aquarien besser als Menschen herum
im Laufe der Zeit. Stumm wird jedes Wort
eine Diallele, ein in sich ringendes Karusselle.

Jeder will im Wort gewinnen, das ist das Spektrum
trügerisch zu sprechen als irgend Sport
weiser als die Fische zu sein, usf.: Deutsche Welle!

»Wir wurden dort entlassen,
wo wir meinten, erst begrüßt zu sein.« II/23

Manches Gesprächs- Ende, der Mensch sei gepriesen
sollte erst dort beginnen, wo wir entlassen den Strom
der Worte fortzubewegen; da sei hingewiesen
auf der Lichter- Kraft im wahren Dom.

Die Kerze im Kirchenschiff ausbrennen zu lassen
nicht nach dem Ich- Schein zu greifen, damit
allein erkennst Du Dich in menschlichen Gassen
Eins zu sein mit Dir; um dann zu Dritt

nach dem »Wortentlassen« neu zu beginnen
Dich selbst zu begrüßen im ewigen Schauen
Andere als Teil Deines Denkens zu begrüßen, anheim

Ihnen Dritter zu sein, im Gespräch mit Sinnen
beim Abschied neu zu entflammen, aufzubauen
das Wir, Du und ich- Eins: Blüte und Keim!

»*Selbst die Blätter durchwinterter Eichen*
scheinen im Abend ein künftiges Braun.
Manchmal geben sich Lüfte ein Zeichen.
…
Jede Stund`, die hingeht, wird jünger.« II/25

Selbst die Haare durchwinterter Häupter
sehen am Abend ihr künftiges Weiß.
So gibt rein menschlich, die Zeit, betäubter
ihren Einklang, auf irdischem Geheiß

seine Weisung dem Geleit. Jede Stund`
die hingeht, wird jünger, da
der nächste Frühling bringt gesund
auch das Graue- Weiß dem Lichte nah.

Eichen und Menschen, wie oft wurd' ihr Vergeh'n
so stark, so ehern, so geschwungen im Geist
wie das Wort, dem Blätterdach, so endlos weit

verziert, wie der Heimat glorreich Besehn.
Blätterkronen, wie mein Wort, auch verwaist:
schlohweiß das Haar, und mein Wort wird -Zeit!

»Stiller Freund der vielen Fernen, fühle
wie dein Atem noch den Raum vermehrt
…
zu der stillen Erde sag: Ich rinne
zu dem rasenden Wasser sprich: Ich bin!« II/29

Stiller Freund ›mein Wort‹ so fühle
Du, wie Dein Atem stets den meinen Raum
umglüht, wie der Saal, der ohne Stühle
auch zur Ruhe bringt, der Grenze Saum.

In der Stille sage ich: bitte behüte.
Zu dem rasenden Wasser spreche ich
fließe weiter, weiter, wie der Sprache Güte
Eins zu sein, auch im Fließen, Dich

zu grüßen, Du schöne Holde, Lichtgedanke Du
im Anemonen-Weiß den Frühling mir beringe
oder Fließen der Rede zu zweit.

Stille Freundin, Geliebte, ich gebe zu
der Raum, die Erde, das Fließen das ich besinge
das bist Du, mein Licht: meine Zeit.

Aus dem Nachwort »Die Sonette an Orpheus« (R.M. Rilke) von U. Fülleborn.

»Rilkes ›Zweite Duineser Elegie‹ endet in einer Klage über den Verlust der Götter,« das Fehlen eines gemeinsamen Mythos in unserer Zeit: Während die Griechen wussten, dass alles Gewaltige, das ihnen geschah, von den Göttern ausging, entsprechen den Kräften unseren ›Herzens‹, die noch immer unser endliches Dasein »übersteigen«, keine mythischen Äquivalente mehr: Dennoch hat Rilke einen Engel- Mythos als strukturbildendes Element der ›Duenisischen Elegien‹ geschaffen, dennoch schrieb er »Die Sonette an Orpheus« in denen alle Aussagen auf den griechischen Gott des Gesanges bezogen sind.«

Die Droge Engel-Gott ist Einheit im Eklat
Einheit im Sinnen mit Licht zu beginnen.
Ansonsten ist es vorgegaukelter Mythensalat.
Rilke zog aus, um sich, Selbst, zu gewinnen

Zwischen Gott und Engelflügelschein Einzelner zu sein
da gebar Er die Zweiheit: und Er, Außen vor.
So gaben ab die Reben den goldgelben Wein
und trunken ward der Mythos Engelchor.

Elemente schaffen ist in sich, Kategorie:
Zweiheiten aus dem Effeff zu formen.
die Nacht gebärt den Tag zum Hort

auch das ist (1)Einheit: Natur! Eine Phobie
›Schrecksekunden‹ einzugestehen. Die Normen?
Knospen am Baum, Du Göttlicher Mythos: Wort!

Hörst Du das Rufen der Gebrechlichen?
Nicht krank sie – nein –
im Augenschein der Kummerüberwachung
fiel ich krankhaft ein
auch nur irgendein Mensch zu sein.

Wie ein Hund an der Leine, so folgen Sie
die Gebrechlichen, dem Hochruf des Goldes:
befreit zu sein.

Wovon waren sie befreit? Sich selbst beschenkend
sie ließen All die Anderen denken
und legten die Hände in den Schoß
fühlten sich ›genesen‹ und groß!

Gesund ist die schlimmste Krankheit, wenn
man bedenkt, dass man sich selbst
mit Krankheit beschenkt, wenn Andere
Dir reden ein ›Kritiklos‹ gesund zu sein.

Thema IV

Wie entferne ich Mauern, Grenzen usf.?

Manches Mal ist die einzelne Träne, geweint
mehr, als Aller Regen dieser unsrer Mutter Erde.

Manches Mal ist die Kritik
nicht der Wörter wert: »Ein Wort« zu sein!

Manches Mal aber wird das Wort selbst Träne
dann verpasse nicht den Sonnenschein
diese positive andere Strähne
im Regen nie allein zu sein.

… denn über den Wolken thront
wohlbehütet:Licht an Licht
das andere Wort, das Dich belohnt:
und der Regen verliert- die Mauer- sein Gesicht!

Jeder Stein der Muttersprache ist Teil des Wortgebindes, ungebunden, den Gesichtspunkt Alltäglichkeit, mit Qualitäten zu verallgemeinern.

Anfangs war die Mauer. z.B. Weidengeflecht mit Lehm und Kuhscheiße gar, errichtet, um Schutz zu suchen vor der Winter Pein und der Sonne Glut.

Die Eskimos ihre Iglus mit Schnee und Eisplatten formen. In Kenia, ich sah sie selbst, aus Lehm und Palmwedel, gebaute Heime.

Aus der Tradition heraus, so meine ich steht der Vergleich dem Stein (das Wort) im Satzgefüge als Weltbaustein in der Tradition. All diese Gegebenheiten ›volks- und zivilisationsbedingt‹ fließen ein in jeden Stein: Wort bei Wort. Sie machen auch vor Politik und Religionsergebnissen aller Deutungsarten keinen Halt.

Diese Vorgedanken gehen auf den Ursprung der Sprache insgesamt zurück.

Vater, Mutter, die Ahnen usw. sie, die Inhalte den einzelnen Wörter gaben, sie leben weiter, bilden Geschichte im Aufbau und der Innerlichkeit, Wörter, mit Ihren Inhalten zu belegen.

Erscheinungen des täglichen Lebens? Ich! auch ein Stein? Nein, nur dieser Krümel Sand am Meeresstrand. Möge mein Wort stets Einzelnes mit mir bleiben.

Möge es nie gebrannt, gesintert wie jener Stein, im Wort- ABC werden, er der nicht zu lösen ist.

Im Werden der Energie, dort bin ich Leben, jene Masse- auch Stein, ständig neu zu formen Ein (1) Haus, wie der Sprache Form, nie Norm zu werden im Sinne des ERGON: festgelegt.

Die Mauer fiel, Stein bei Stein, Wort bei Wort: es blieb meine Energie!

… auch nur ein Wort, Wörter, denkt daran, Steine so und auch so zu betrachten. Ergon und Energie bilden das Spalier hindurchzugehen: geschlossenen Auges, zu hören, zu sehen, zu schmecken … ich gehe …! Und Du? hoffentlich auch!

Wir treffen uns im Wort, dort, wo uns Einheit und Vielheit nicht mehr verwirrt: … Teiresias ich seh! …

Das Ich in der Ich- Kritik

Das Ich im Fadenkreuz der Sterne:
Denken! Dort beginnt mein Fragen.
Wer will dort erschießen mich?
Oder andersherum, stellt er in den
Mittelpunkt des Angriffs: sich?

Mittelpunkte suchen ist nichts Anderes als
den Fixpunkt im Hier einzujustieren
im Fadenkreuz die Mauern aus-
zuleuchten, um zu treffen: mich?
›ich‹ … positiv wie negativ gedacht.

Gefunden mich im Mittelpunkte Sein!
Drückt er ab? Ist' s ein Pfeil oder nur
die sogenannte Hass- Kampagne: Neid?

Schon schleusen sich die Mauern ein:
Wörter, Grenzen, Parallelebegriffe!
Steingeworden ›ich‹ am Firmamente: Schein
umschwommen all die dunklen Riffe:

dieses Fadenkreuz. Es galt nur mir!
Die Ich-Kritik, die so gemessen, im All verbrannt
negativ und positiv benannt:
Kritisches Denken, bleibt der Menschheit Zier.

Angelangt in meiner Ich-Kritik zu hoffen
bleibt positiv und negativ ganz offen
in der Selbstkritik EINS zu verstehn:
in Deiner Parallele, Selbst, befreit zu sehn!

KRITIK von griech. (technè) Beurteilungskunst (Phil. Wörterb.)

Begriffe und Einzelvorstellungen, Begriffsbildung, der Bewusstseinsvorgang –usw.!

Ich habe immer gesagt, von Kindesbeinen an. Kritik muss es auch positiv geben; denn die Beurteilungskunst (von griech. techné)ist doch eine Technik (so das Wort) einen Stoff: Gedicht, Roman, Essay,
Aphorismus zu beurteilen! … Aber? Kritiker bauen Mauern auf! Es ist ja einfacher irgendwelche Sophistischen Ansätze zu finden, um (»Kritik vertraut: zeitgemäß 2 000«) irgendwie Gegensatz zu finden, um einen Gedankengang, der sowieso nur Zeichen- Wort ist- in anderen Zeichen zu zerreißen: in dem Sinne› ich weiß mehr‹ denn ich bin der Kritiker.
Setzt man aber, so wie mein Gefühl(auch nur ein Wort) Kritik negativ, wie positiv ein, dann muss man schon sehr viel tiefer auf diese »Bestimmungskunst« eingehen: man muss über das Wort hinaus aus dem Kreis des Wortes herausspringen, um an die ganze Tiefe, gleich der wörtlich gegebenen Gedanken, in Plus und Minus –Kritik über Gesagtes oder Geschriebenes zu urteilen.
Der Philosoph Max Stirner schrieb einst: »ich konnte mich anfangs nicht finden, da ich nach Mensch suchte.«

Als Jugendlicher: Noch-Mensch, verstand ich dererlei Wortgruppen nicht. Heute, ich, Teil, Selbst, im Worte Mensch, trat ich oft beiseite, denn die an den Tag gelegte Gier nach Macht, die Sucht nach Ruhm und: »Wer wird heut 'der Superstar«; da fühle ich mich schon lange nicht mehr als Mensch. Also begab ich mich auf Suche!

Was ich fand? Mich. Nichts Großes, Mächtiges: Nein, aber etwas Einzelnes, das ich als mein naturgegebenes Eines erkennen kann.

So fand ich mich, meine Eigen- Kritik: eine ganz kleine Beurteilungskunst, mich am Rande irgendwo als Mensch zu fühlen …positiv wie auch negativ gesehen!

Kritik? Welch eine Technik, Sie, die in dieser Zeit nach Macht, Herrschsucht den Stein nicht aus der Mauer reißt: wahrhaft, um findend zu suchen, wahrhaft kritisch zu urteilen. Aber? W e r hört das schon gerne?

Das ist die Kritik an der Kritik: Wort an Wort!

Und? ich beginne im Wort
ganz allgemein, Mauern aufzulösen.

In der Bestandsaufnahme
Blick- Horizonte im Dösen
von Wort- Mauern zu erlösen.
Grenzwert: »Teiresias, ich seh!«

Ausgang ist dort, wo Mauern Grenzen werden.
Im Dateneinmaleins, im Lauern
löst sich mit Bedacht der Hort
Gefühle ins Licht zu erheben, dort

wo Wege im Gleichklang Masse ergeben.
Muttersprache sollt' nie Hürde sein
ständig auf Pfaden wahrer Kritik
zu schließen das Tor mit dem Masse-Klick!

Das Ergon in der Starrheit erlischt.
Echte Kritik? Die Ranke ENERGIE
öffnet Dir Wort an Wort, so, aufgetischt
Dein Spiegelbild im Angesicht des: WIR!
Aus der Einheit Deines Denkens allein
Urtoleranz Deiner Sprache, Selbst, zu sein!

Blickhorizont Mensch-Mauer
»Teiresias ich seh!«

Welch eine Wehe, Eis und Schnee
ich vor Deiner Mauer seh.
Wortgebunden
kannst du gesunden
gehst Du besonnenen Schrittes
geistgeworden, Kritik, diese Fläche
in den Räumen –auf und ab-!

Im Regelfall ist der Tropfen EINE
Einheit: negativ oder positiv?
Nein, es ist die als Wortwahl ›Regen
Mensch‹ Kritiken anzulegen
zu hinterfragen, das, was Andere sagen.
»Ich« auch nur ein Wort aus der Masse:
Mensch. Und doch, sollt' man hinterfragen
was der Einzelne bewegen kann, oder
doch der Regen? Kritik? Nein!

Manches Mal ist die Träne, geweint
mehr als aller Regen dieser unsrer Mutter Erde.

Verstehen, im Wort?
Dort allein beginnt Teiresias die Augen zu schließen
obwohl er gar nicht sehen kann! …
… und doch: Er sah!

Wortverbindungen

Der Mörtel für die Steine der Verbände
für die Schichten theoretischer
und praktischer Wort- Mauern ist gegeben:
Leben!

Der Mensch ist mauerlos in meiner
Relation, ohne Anfang, ohne Ende. Wie soll
Er, der Andere, die endlosen Wälle
verstehen, und wie soll er sie lösen, oder
gar erkennen, sie, nicht zu errichten?

Stein bei Stein – Wort bei Wort-
wünsche ich die Gründe fort …
Horizontbereiche zu befrei' n
um einfach nur Ein(1) Ich zu sein.

Teiresias, ich sehe, wohin ich gehe.
Dein Schritt nimmt meinen mit
das einfache Verstehen über Vielheiten
zur Einheit, im Selbst, zu schreiten.

Dafür sind wir gar zu Dritt
These, Antithese und? so gar
Synthesen im gleichen Schritt, laufen mit:
Stein bei Stein …!

Manches Mal ist das Erkennen: SEIN
nur die Blindheit: zu benennen-
Wort bei Wort, als Ich zu erkennen: usf.!

Jedes Sandkorn: Buchstaben
zusammengesetzt, wird' s ein Wort?
Achte darauf bei deinen Gaben
dass der Sand nie wird Stein. Fort

fließt auch der Tropfen, vom Himmel gefallen
in das große lebendige Teiches- Fass.
Denk daran Wörter sind nur die Vasallen.
Aus Liebe gebar sich unlängst der Hass!

Auf den Anhöhen stapeln sich die Steine
in den Asthöhlen baut der Specht sein Nest.
Die Hände öffnen sich und bringen das Wort ins Reine.
das ist mein stilles freies Brückenfest.

Parallelen öffnen den Blick hinaus
die Ferne der Hierheit zum Geleit
zu bauen das steinlose Haus:
»Macht auf das Tor, die Tür macht weit …!«

»**Blindgetrickst**« sprach seine Philosophie
der, Fichte, folgte, das Wort im Geleit
fuhr er gegen die Mauer, sie
das Wort, Diallele, stand bereit.

Um zum Ende zu kommen, dem meinen
will auch ich Objekt und Subjekt vereinen
trete einen(1) einzigen Schritt beiseite
und sehe offen, das Fichte: Gescheite.

Er sah sein Ja, die These das (1) Ich
folgte dem Nein, der Antithese
dasselbe (1) Ich und gewann für sich
ganz allgemein die Synthese aus dieser Lese.

Daraus folgere ich (1) Ein Ja vor der Mauer
Ein(1) Nein dahinter, sie bilden gemeinsam immerdar
Ich = Ich, und schaue dann ohne Trauer
auf das Einzelne (1) Ich, ob Wort oder Zahl, für Wahr!

Will ich aber über die Mauer hinaus, die Bill
der meinen Erkenntnis leuchten zu lassen
dann beginnt man mich offen zu hassen
da seitlich und drüber hinaus, man das Wahre nicht will!

So ging ich nicht, blind, geblendet vom Ich= Ich
ohne Mauer mit mir weiter, und ich fand Mich.

Die meine Kategorie: Punkt (ich?)
Das Wort, die Wörter! Die Zahl, die Zahlen!

1-Der, mit einem Gegensand (Kuli, Kreide etc.) auf Papier gezeichnete Punkt sichtbar gemacht wird, ist Teil EINS meiner Kategorie.
2- Der fortgewischte, verwitterte, ausgelöschte unsichtbare Punkt, ist die 2.Hälfte meiner Kategorie. (EIN (1) Punkt) … gedacht!
In diesen Beiden und doch EINEN Punkt ist das ganze mathematische, ebenso das sprachliche Gedankengut meines Denkens und Handelns untergebracht. Das Alles nenne ich das EINE. Wobei man beim 2. Teil, dem unsichtbaren Punkt, der dazu gehörige, man sprachlos dann das Nicht- EINE benennen könnte. Aber? Eins bleibt Eins.
Aus der Wortlosigkeit bebildert man (ich) das Szenarium schrittweise heraus. Dieses Hinaus-, oder Hineinbegeben in die Sichtbarkeit, das bedeutet die ganze unmündige Erklärung, wie will ich (man) das unendlich Kleine (raum- zeit- und wortlos bedingte Kleine) in Schritte (mathematisch. oder sprachlich) belegen?
Vor dem Belegen findet diese Teilung statt. D.h. Nicht Zufassendes, Unsichtbares über die Unsichtbarkeit hinaus zerlegend in Zahlen, Zeichen etc. sichtbar zu machen.
Selbst der Philosoph J. Derrida schrieb diesen Punkt, sein Wort différance als Raum- Zeit- und sogar Wort- los aus. Dann haben wir die Mathematik, die weiß. Die Theologie, auch sie weiß. Sie glauben Beide! Mein Wissen ist Wissen, da ich im Altsokratischer- Allwissenheit (auch) sage: »ich weiß, dass ich nichts weiß.« und das ist allen Glaubensrichtungen (mathematisch, sprachlich etc.)vorangestellt: Wissen! Und an dem Punkt allein gliedert sich Wissen und Glaube!
Auch der gedachte Punkt, den ich bebildere, er setzt Glauben

voraus, denn unsichtbar Gemachtes wird zum Fixierbild der Unerklärbarkeit gewisser Vorgänge. Z.B. Zauberei, wo mit diesen Blindbildern blind über blind, der Differenzgedanke, wort- raum- zeitlos aus dem Wissen Glauben gemacht wird. Und siehe da, es gibt die Möglichkeit, Glauben in Wissen umzuwandeln: eine Scheinwelt wird durch vermeintlichen Zauber zur Wahrheit, dem Auge vorgegaukelt, klargemacht.

Schaue ich hinter die Kulisse dieser Zauberei, dann wird auch sichtbar dieser Punkt: man sagt, »aha, so läuft dieses Spielchen ab.«
An der Stelle öffnet sich der unter Punkt 1 angeführte (Mein) Punkt die Sichtweise dieses Zauberwissens als Gaukeln der Sinne einzustufen, um den Schlusspunkt zu setzen: erkannt der Trick, das Sichtbare wurde für unsere 5 Sinne für den Bruchteil unseres Erfassungsermögens unsichtbar gemacht!
Setze ich alle 5 Sinne außer Kraft, dann ist es möglich dem Anderen vorzugaukeln, über den einen der 5 Punkte- z.B.- Sehen- die anderen Sinne, überfordert durch vorgegebene Reize- zu überlisten, Schein, in Wahrheit umzusetzen.

Selbst Descartes sagte irgendwann einmal, »man sollte Ja und Nein solange in einem Vielleicht- Bestand lassen, bis man sich einleuchtend dann für ein Ja oder Nein entscheidet.« So ähnlich grob nacherzählt, waren seine Worte. So er weiter.
»Ich bin meinen Lehren dankbar, dass sie mich nicht soviel lehrten, denn sonst wäre ich nicht so wissbegierig ins Leben hinausgegangen, das zu suchen, was Sie mir nicht beibrachten.«
So setzen wir, alle Menschen unsere Punkte: zum Glauben! Ich glaube ist ein wortloses wahres Wissen, solange der Punkt unsichtbar das eigene ›ich‹ umgibt und wortlos bleibt.
Auch Jesus glaubte …
Auch Sokrates glaubte …

Wir alle glauben irgendetwas, sonst gäbe es keine Muttersprache, keine Mathematik. Aber? Ich wagte nie diesen Glauben in Wissen (sei es Wort oder Zahl) umzuwandeln; denn in dem Moment wäre ich Unglaubwürdig, und davor versuche ich mich gegen diese Scheinsinne der Grenzwertentäußerungen Anderer Gläubiger »Wissen- Wollender« abzugrenzen, durch meine Kategorie, meinen Punkt. Wobei, wohlgemerkt meine Allwissenheit auf der sokratischen Formel endet: »Ich weiß, dass ich nichts weiß.«
Und mit diesem Wissen, schütze ich meinen kategorischen Imperativ zu wissen! ... wissen zu wollen, um jeden Preis.

Der Philosoph Peter Sloterdijk sagt: »Der Philosoph und der Dichter betreten von entgegengesetzten Seiten dieselbe Arena. Auf diesem Schauplatz wird gesagt, wie es im Innersten Sinne um die Welt steht.«

An anderer Stelle: »Gedichte sind Atemsschiffchen, die sich ins Offene aussetzen.«

Paul Feierabend: »Absolute Maßstäbe, d.h. Maßstäbe, die von keinen Faktoren abhängen, mag es im Himmel geben, auf dieser Erde mit ihren verschiedenen Wirklichkeitsformen existieren sie nicht! ... Die Natur erscheint nicht in den Ereignissen, sie ist in ihnen auseinandergelegt, und zwar vollständig.«

An der Stelle öffnet sich mein gedachter Punkt, wird Wort und wird Fläche, und dreidimensional sichtbar als Körper, als ENERGIE Muttersprache, die sich in alle Richtungen öffnet, um das Unsichtbare im unsichtbaren Schein, Glauben, zu belassen, und doch, dort anknüpfend, die nach beiden Seiten offene Parallele nach meinen Gesichtspunkten abzutasten, sich über Schein und Wahrheit ein klares Bild vor allen Sinnen zu erhalten.

Sich in Andere hineinzuversetzen (Empathie) bedeutet, den eigenen Weg zum Ich aufzugeben, um über das Masse ›Ich‹, auf die Einheit ich, in jenem ich- Punkt ›ich‹, das zu erkennen, das, was raum- zeit- und anfangs auch wort- los ist.

Dort wird Glaube ein Bestandteil des Wissens sein, das Jetzt als eine Einheit zu erkennen, die im Worte w a h r nicht zu packen ist. Setzt Du in Wort und Wörter sie um, dann sei auf der Hut, Deine Einheiten nicht in Vielheiten umzuwandeln.

Aus a priori wird dann schnell a posteriori, aus der Masse Einheit wird Dir Zahl. Und diese Zahl ist es, die Dein Wort (Glaube) zerstört: er muss EINHEIT, im Grunde wortlos bleiben: Dein ureigenes Wort différance (J. Derrida) das im Grunde, so er, der Philosoph raum- zeit- und sogar wort- los blieb; wie Du Dich auch bemühst irgend ein Wort Dir auszulieben, sei bereit es in Deinem Wortschatz als diesen Ansatz inne zu halten.

Meine Kategorie ist weder Gut noch Böse; sie ist einfach meine Zeitspur ›ich‹ im großen Gefangensein, alles in Wort und Wörter einkleiden zu wollen. Wird Dieser Wille zur Macht? dann? …gabst Du Deinen Glauben auf! Mehr dazu? Nein! Es werden wieder Wort an Wort, Wörter sein, die sich vom innersten Gedankengut entfernt als Macht usw. einschlägt!

Siege zu verzeichnen als »Haben im Sein«, das ist mein Sinn.

Ausgezogen –mich- zu suchen?
Was ich fand? das Wörtchen Mensch.
In den Annalen des Deutens
war das Licht, in Dunkelheiten aufzusehn.

Die Möglichkeit mein Denken einzugliedern
vergab das Wort ›ich bin‹ im Sein
dem zweitgeteilten Aufbegehren
die Sprache ist ein Wort: in Stein.

Gepriesene Offenheit des Seinsgefüges
Wortnuancen: Seifenblasenflug.
Vor dem Platzen dieser Wortgebilde
aufgesprungen auf den Zug.

Die Fahrt wurd' schnell und schneller.
Der Ballon, das Wort, verstiegen:
die wortlose Hülle zerplatzt
der Ball hörte auf zu sein.

Dahin das Wort und der Gedanke
jene Ätherspur, gedacht zu haben
war dahin; des Ballons, des Wortes Schranke
im Neuen Worte auferstand. Denn?

Jeder Knall ein neues Denken, so zu deuten
grenzt das »Vor – dem Wort«, zerschellt,
mit ein, all die Vielheit zu enthäuten:
Dein Ich sich Deiner Wahrheit stellt.

Edward W. Said schreibt 1994: »Es kann keine Heimat ausschließlich für die Juden auf von Palästinensern bewohntem Land geben, das stellt eine Ungerechtigkeit dar, insbesondere, wenn man an die Vertreibung Hunderttausender Palästinenser aus Ihrer Heimat im Jahr 1948 denkt.«

Bei diesen Zeilen fiel mir momentan, ganz spontan ein: Die Krim, Königsberg, Amerika und die Urbevölkerung, die Indianer- Australien und seine Ureinwohner, die in einem Roten Berghügel Ihr Göttliches Urgefühl erkennen ... usw.!

Heimat und Diaspora

Die Diaspora, ein Gebiet, in dem Anhänger einer Konfession in der Minderheit sind › religiös oder national betrachtet‹ leben. Ich schrieb einmal »Heimat kann überall sein«, betrachte ich der Erde Ball.

Messianisch gesehen, muss ich gestehen, will ich in irgendeiner Gruppe ›Zahl‹ mich beheimaten, irgendwo auf der Welt, dann habe ich allein in meiner Einheit ›ich‹ die Wahl dass ganze AREAL zu besehen; zuerst den Anderen zu verstehen: ich als Gast! So gesehen eröffnet das große Rund, die Mutter Erde-GAIA, die Heilige, ihre Arme weit und befreit den Raum, in der Diaspora ganz allgemein Heimat- dort überall- zu finden, wo das Wort, Dein Ich gesunden kann, die Hände zu öffnen: Leben zu verstehn.

In diesem Moment zerbröckelt das Wörtchen Diaspora, und Deine Heimat hat Bestand in einer Mehrheit, dem Landkarten- Örtchen, zur Nebensache wird das Klima und das Land.

In Deinem Ich bist Du der Heimgekehrte, das Licht der Erde zu bestaunen. Deine Lippen beben das Neue Wörtchen heraus, Ich, der Andere möge sein Wesen, Leben geben, in seinem Haus.

So bekommt Die Diaspora einen neuen Raum, eine Heimat: Zeit. Alles Andere ist wortbefreit: Ohnmacht und der Seele Streit, jene Offenbarung-: so E.W. Said. … zu besetzen, Das was Andere als Geburt, befleckt, sich Heimat, Ihre nennt, jener Heilige, heimatliche Ort, den die Welt als Mensch benennt: Die Krim, Königsberg, die Indianer Amerikas, die Ureinwohner Australiens usf. SIE bilden mir den Gedanken- Rapport: Heimat –Mensch- Ort bei Ort … im Wort!

Mauerblümchen, Du, ein Wort
aus meinen Kindertagen, es
begleitet mich hinein in jenen Hort
das Wörtchen Wort zu hinterfragen:
»Warum dies zarte Etwas: Blume
an sich sollt negativ geladen sein!«

Manches Wort ist auf Mauern geboren
kämpft seine Krämpfe: Wort an Wort.
Ein fetter Untergrund treibt jene Toren
im Überfluss seine Halme über Bord.

Mauerblümchen bin ich geblieben.
Auf den Zinnen, lichtbeschwert
manches Wort an Steinen zerrieben
bis auf den Inhalt ›ich‹ entleert.

Mauerblümchen, ich, auf Steinen geboren
im Lichtmoment des Augenöffnens, ich zu sein
begann die Wurzel Wort den Mörtel der Juroren
zu zerbröckeln, Ihre Mauern stürzten ein.

Lasst uns daraus die Häuser bauen
um in jene Lichter aufzuschauen
die das Ich im Innersten nie mehr stört.
Das Mauerblümchen ›ich‹ wäre menschbetört

ein neues Suchen nach Gemeinsamkeit
Mensch zu sein, und das weltweit offen.
Mauerblümchen? ich für alle Zeit …
Wort an Wort verbleibt in meinem Hoffen.

(..) Linie, (:) Parallele, (.) Einheit, der Vielheit: Wort!

Der gedachte Punkt birgt Linie und Parallele in sich, Vielheit in Einheit gefasst zu verstehn. Erweitere ich den Punkt, dann bekomme ich den Kreis; real als den sichtbar größer gewordenen Punkt.

Die ›selbe‹ Erweiterung schließt aber auch die Parallele ein, die gedachte Linie in den Horizont: SEIN. An der Stelle sind die nebeneinander unendlich kleinen Punkte, die Blickrichtung: linkes Auge, rechtes Auge, in den endlosen Raum- Zeit und Wort- los hier.

Schaut das linke Auge gemeinsam mit dem rechten Auge, dann schließt sich im Blickpunkt, unendlich gesehen, der Kreis; an der Stelle führt mein wortloser Gedankengang die Überbrückung ein, jeden Kreis, mauerlos zu öffnen, bis hin zu der Unendlichkeit, wo der Blick sich am Ende, glaubhaft verbindet. Dort aber, so ich, beginnt die Öffnung aller Einheiten »Kreis«, Mauern, sich in Punkte zu verlieren, und der Vielheit Gedankenhorizont, alle, hin zum Sein, das was Heidegger als undefinierbar betitelt.

Aber er betitelt es. An diesem Rand der Erkenntnis angekommen bewege ich mich mit Linie und Parallele als Einheit, über alle Blickpunkte hinaus, und ich blende Alles in den einen Punkt hinein, die Einheit (1) im Kreis der tiefsten Einheit: wortlos- SEIN!

Jeder Blickhorizont hat den Ursprung eines JETZT, nicht als Anfang gedacht, denn Jetzt ist im Sinne J. Derridas: raumzeit- und wort- los und er gab sein Wörtchen différance in die Philosophie- Geschichte ein.

Ursprung ist der Punkt, wo die Milliarden Nervenzellen den Kleinstplatz frei geben, EIN (1) Wort zu werden: Blickhorizont!

In dem Moment beginnt das Wort, Einheit und Masse, zu verkörpern und jetzt beginnt das Pokerspiel die Begriffe aufzulösen, aus der Masse, der Einheit, so nahe wie möglich zu kommen.

Verstanden heißt in dem Moment nur: ich akzeptiere Deinen Blick- Horizont; sie trafen sich dort, wo Beide Gesprächspartner kopfnickend dem Anderen zusicherten, verstanden zu haben.

Der große Blickhorizont vereinte zwei Masse- Meinungen, Wort an Wort, in das Lächeln um, verstanden zu haben.

Aus Linien, Parallelen wurde aus dem Hut heraus ein gemeinsames Wort.

An diesem Punkt fragt die Einheit nicht nach Einheit, denn alle Zeichen enden dort, wo die Masse stets den Zeigefinger hebet: Achtung!

Aller Anfang bleibt und ist nur das Wort: Einheit in Masse vereint!

Auf den Lichtbänken der Gesetzgeber
liegt ein Blatt aus weißem Samt
gebogen, von dem Duft der Wahrheit
in der Macht stets dieses Licht zu sein:
zerstückelt!

In den Annalen der Berührungsängste
zersplitterte sich das Bild, der Scheibe Glas
das Spiegelbild der Restbetörung
›bewilligt Hass und Selbstzerstörung‹
nur mächtiger als ER zu sein
der auf Lichtbänken den Sophisten
ausgeliefert war!

Dann kommen die Neinsager an die Macht
Sie, die zu Ihrem Ja ein ständiges Nein
aus dem Spiegelbild entspiegelten.
Bautz! Der Spiegel zersplitterte in
seine verlogenen Teilchen. Jetzt sind
sie wieder Einzelteile des Ganzen …für Wahr!

Im Schatten der Lichtbänke dann
veränderte sich somit ganz banal
verzehnfacht den Glitzer bestaunend
auf weißem Samt: zerstückelt das Final!

Jeder Stein trägt in sich das Urbild
Erde, aus dem Schrei des Werde
verbuchte ich als die Bedingung Stein zu sein.

In der realen Welt ist die Verkörperung, die Seele
ein Einzelwert. Ganz messianisch abgerollt
zerspringt die Sicht im rettenden Pokal
als wär 's ein Botengang der Engel- Crew.

Boten des Lichtes, Handhabe Engel zu erleben,
bedingen mir das Dasein, neubewusst
zu küren dieses Uralt – Beben
Erde, Himmel: Menschenlust.

Auf den Altären schmilzt das Licht dahin
die letzte Kerze flackert im Abendschein
aus der Quelle »Wahrhaft«, zu wissen ›ich bin‹!
An den Lippen klebt das Wort: Daheim.

Jeder Stein trägt in sich das Urbild
Begriff: dann erst kommt das Wort!
Diademe geschliffen wie Gesetz und Religion.
Und schon saß der Mensch auf dem Thron.

Ich ging verloren, obwohl ich geboren;
und schaute den Wörtern nach bis in den Horizont.
Auf den Stufen folgten Halbgötter, die Horen:

ich blieb im Ich, vor Ort, vom Wort: besonnt …!

Die Mauer: Die 2 Definitionen: Euklids

»Einheit ist wonach jedes Ding Eines genannt wird.«
Z.B. Deutschland (BRD + DDR)

»Zahl ist die Einheit der zusammengesetzten Menge.«
(BRD+ DDR)

Irgendwann wurde die Einheit (D) zur Menge: eine Zahl, DDR+ BRD. Die Theorie: Mauer, die war geboren, denn Beide wollten Ding- Einheit sein. Das ist die Theorie einer Mauer! Die Praxis folgte dann, aus Stein, Beton und Stacheldraht … und Wort an Wort.

Unser ganzes Leben ist so aufgebaut. Man legt ein Fundament an, durch Aushub› Schotter, Kindheit, Jugend usw. als Grundlage‹ hinein! Damit wäre das Fundament gegossen: Betonbunker usw.

Das Leben insgesamt entstand; eine Mauer- Leben zusammenfassend war schnell errichtet. In der Theorie beginnen dieser Art Mauern schon in der Schule, im Elternhaus! so entstand das Kartenhaus Kindheit, Jugend, Studium … Arbeiter und Bauernstaat … usf.!

Religionen kreisen Grund und Boden ein. Mauern überall. Wobei z.B. das Wort das größte Bollwerk ist: Theorie und Praxis grob zu trennen, im Akkord!
 P.S. Heute 2016 (D) Ein Ding! Man riss die Mauern ein. Die Materialien, Stein, Stacheldraht usw. und doch die Mauen blieben! Warum? ein kleines Gleichnis soll diesen Mauerbau- DDR+BRD als kleine Einheit beenden.

Der Pirol

(»der Glaube in seinem eigenen Moment ist blind, er opfert
das Sehen!«) so J. Derrida, in seinem Werk: »Aufzeichnung
eines Blinden!«

Auf Tannenspitzen flötet der Pirol sein Lied.
Er mag verwirrt, wie ich, den falschen Ton
getroffen haben! Den Lebewesen galt das Fon
eröffnend Seelen zu besingen.

Hähne krähen!
Menschen verstehen?
Muss er, der Pirol, das Krähen erlernen
nur? um verstanden zu werden?

Krähen setzt voraus, auf dem Mist
dem Volk – der Masse- krakeelend
in den Ohren liegend- Sie- zum Eierlegen
zu bewegen! Er ist weder Huhn noch Hahn.

Blind ist lediglich der Moment
wenn der Mensch sich selbst im Licht verbrennt.
Nicht der Ton den Glauben erblindet …
es ist das Ohr, es hat das Sehen verlernt!

Theorie und Praxis gehen stets eigene Wege: in der Tat, somit
auch im Wort. Also müssen A und B zur Einheit werden, um
den Menschen als Gesamtbild zu verstehen. Der Pirol in den
Wipfeln, ich muss gestehen, welch Hühnervolk wird ihn jemals
verstehn?

Da sprach Teiresias: sein A und B heraus und wurde geblendet. Wahrheit? das ist ein Schlimmes, sehr Schlimmes (Vergehen!) wer will da schon wahrhaft sein? ... und wer darf es? ...

So fand ich mich und blieb: Ich, mein wahres Haben im Sein. (A B)

Haben und Sein

Die Qual der Wahl sich aufzugeben
täuschte mir anfangs tiefste Ungereimtheit vor.
Ich, ist doch der tiefste Teil des Strebens
am Abend doch noch einmal auf zu schau' n.

Die strickte Trennung, mich zu teilen, sie
empörte tiefst das Innerste an sich
diese Runderneuerung persönlichster
Gestaltung, anfangs, ein zu seh' n.

Selbst meine Hand, die diese Feder führte
begab sich in den Streit mit ein,
auch Teil des Ichs zu sein.

So fraßen sich die Wörter gegenseitig.
Und die Ernüchterung ward dem zuteil
der die ganze Ich- Gestaltung als Mahnmal
sich zu geben, als Deduktion des Wortes
Ich, befahl.

Da sitze ich, betrogen und belogen durch das
kleine Wörtchen Ich, und binde ein die
ganze Insolvenz, sie klassenlos zu leben
und gebe dann ganz unverblümt, bekehrt,
mir selbst die Hand, in meinem Haben
reich im Sein zu sein: ich bin!

Immer wenn das Licht sich bricht
erfüllt der Tag sich mir: zu folgen!

Ein Tor zum Wort, gleich
einer Lasso- Schlinge, öffnet mir
die Diallele im Zirkelschluss

ein Zeichen aus dem Bruch
zu formen, denn ich muss
mit jenem großen Tafeltuch

jenes Wort einfangen, das Im JETZT
den kleinsten Ton- im Wort-
sich zeigte, ihn, mit dem Kreidestift
auf die Tafel –sichtbar- aufzubauen!

Welch ein Wort entstand dort an der Wand?
Das kleinste JETZT im Wörtchen in der Hand
erfüllt mir diesen Tag, das Zeichen: Ich.

Teiresias, ich sehe ganz deutlich: mich!

Nachwort

So begehe ich, zwischen Theorie
und Praxis, meine Wege
die, ich mir zu Grunde lege.
Für die Anderen das große WIE

soll das geschehen, diese Zwischenform
als die Gedanken- Tat zu sehen.
vor der Allgemeinheit zu bestehen
all das Leben einzubringen in die Tagesform?

Trist ist der Gedanke, zu beschenken.
Mit der Tat das Wort beleihen
so der Tag den Alltag trennt: benannt?

Nein! Dort beginnt der Zwischenraum, das Denken.
In der Tat den Tag von Mauern zu befreien.
wo das Lebenslicht noch brennt: erkannt!

Wissen ist dem Nichtwissen gleichgesetzt, wenn man nicht daran glaubt.

Also ist auch Wissen eine Art: zu glauben? Ich denke: Ja!

Was ist aber Nichtwissen? Auch das ist im tiefsten Sinne: ein(1) Wissen. Und hier geht eine gewisse individuelle Tiefe voraus, denn Nichtwissen einzugestehen ist im Grunde ein fester Glaube das menschliche Gedankengut nicht mit dem Übersinnlichen gleichzustellen, sich ins Göttliche zu erheben.

Keine Religion ist: Wissen! Jede Religion ist Nichtwissen. An dem einen (1) Punkt (mathematisch, der Zahl zugeordnet (1) und dem Wort (Eins) zugeordnet) ist das Wörtchen Glaube eingeführt worden: Nichtwissen und Wissen werden Eins in der tiefsten Einheit (1) sich als Wesen dem All unterzuordnen. Besser an dieser Stelle benutze ich das meine Wort (einordnen) um nicht aller Denkrichtungen mich unterordnen zu müssen.

Schnell sagt jemand, der seinen Glauben zum (alleinigen (1)) Wahren Wissen erhoben hat: Du bist ein Ungläubiger; aber? woher nimmt er sein Wissen? Aus dem Glauben, da jeder Glaube aber ein(1) Nichtwissen voraussetzt, lässt man Gottheiten ihrer Religionen miteinander streiten, und? und unbemerkt überwinden diese Wesen das Göttlichste aller Religionen- Mensch zu sein- zu glauben!

Jetzt betreten die Machthaber die Bühne und bezeichnen meine Gedanken als IRR- Glauben, um die umstehenden Wesen als Schar, Masse, sich seinem Nichtwissen zu unterwerfen.

»Wenn das Geld im Kasten klingt, die Seele aus dem Fegefeuer springt.«, das z.B. sind diese Auswüchse menschenverachtender Ausbeutungsprivilegien, die dem einfachen Gläubigen in Unsicherheit wiegen sollen, um ihren Glauben in bare Münze umzusetzen.

Der einfache Mensch glaubt, ohne zu wissen, das ist meine Expertise, um Wortlosen, Einfachen, Menschlichen (Glauben) jene tiefste Einheit zu schenken, rein in der Allheit des SEIN wahrhaft dieses Ich zu sein: seht her › Ein (1) Mensch‹!

Nachwort aus (Sonette an Orpheus R. M. Rilke) von U. Fülleborn.

»Orpheus, das mythische a priori der Geschichte, ist Stiftung und Unterpfand einer Ordnung, die sich im ›Sagenkreis‹ von Singen und Hören erfüllt- einer Kommunikation zu einer Welt zusammenschließt und in der sich das dichterische Ich der Sonette immer schon vorfindet und aus dem heraus es spricht ... Die Frage ist nur, ob wir heute nicht schon in der Lage sind, einen Rilkeschen Text ohne ›Übersetzung‹ in philosophische Begrifflichkeit, d.h. so wörtlich wie möglich, aufzunehmen.«

Sind Orpheus und die Engel Rilkes Seelen? Eine (1) Seele ist so undefinierbar wie das a priori bei Heideggers SEIN. Zwei Seelen im Wort zu betreuen? Sind wir heute in der Lage den Rilkeschen Text in philosophische Begrifflichkeit umzusetzen? Es kommt dasselbe heraus, die Wörter sind nicht nur die gleichen sondern es sind dieselben geblieben!

Die Ordnung der Natur ist nicht durch das Wort und Wörter bestimmt. Der Mensch versucht nur,Sie, Teil um Teil mit Wörter zu belegen. Wobei jedes Wort die Unendlichkeit in sich schließt. Poesie, ist, Singen und Hören gekoppelt, in »ATEM II/1« das unsichtbare Gedicht!

Oft halte ich den Atem an, um wirklich wortlos zu sein! Selbst dann will man mein Wort übersetzen. Manches Mal ist die Poesie atemlos! Wer verstehen will, der halte mit mir ab und an den Atem an ...! Dann beginnt die wahre EINE reine Poesie!

Der Felsen und das Sandkorn

Im Grunde sind sie identisch
EINS + EINS = Korn an Korn
einheitlich in sich.

Und doch, man will den Fels zertrümmern
um Sand daraus zu formen
gleich- dem Wort.

Der Fels war Berg
der dann ganz pragmatisch gedacht
dem Sandkorn sich als Vergleich offenbart.

Und der Berg im Gebirge, im Prinzip
ganz ordinär ein Sandkorn
im Getriebe, der Alpen könnte sein.

So stehe ich auf einem Bein, warte
auf das Wort, bevor es Stein wird
auf der Skala: Muttersprache, dort

wo jedes Sandkorn doch noch Wort
wird mir, ein stiller Ort, Korn an Korn:
Sand, ein wohlig weicher Meeresstrand.

Und ich gehe zur ersten Wehe
setze mich hinein
und werde Wort, ein Stein

Allheit. ein (1) Körnchen Energie
im Worte: SEIN
unergründlich aber: Mein!.. Denn?

Auch die Alpen, als Gebirge(1), Einheit ist.
So forme ich die Wörter in das Versgetriebe
werde Berg, dann Korn an Korn, um

einfach – Ich- in meinem Wort zu sein:

Teiresias: ich seh!

Meine Heimat ist das Ich.
Mein Zuhause ist die Hand
die all die Zeichen, Strich um Strich
erweckt der Sinne Land.

Da wäre noch der Erde Ball
mit all der Muttersprache Widerhall.
Sie soll Wort für Wort mitnichten
von meiner rechten Hand berichten

die das Abenteuer Welt
mein Ich, am Leben hält.
So begehe ich das Wort mit Sinnen
und will im Ich erneut beginnen.

Ich zähle auf, was mit gefällt
entfernt von Gier und Macht und Geld.
Denn Heimat Ich, das ist mitnichten
von Hass auf Erden zu berichten.

Menschsein? Das ist nur die Masse
jenes blanke Ich, der einen Rasse
die sich ausgab gottähnlich zu sein.
Was blieb dem Ich? Menschlichsein?

Meine Heimat das bin ich
dafür verbürge ich mich
ganz allgemein
überall nur Knospe zu sein.

Mein Nachwort im Abgesang.

Es fehlt das Wort, um zu verkünden
dass ich mit meinen Sinnen, allein
mein Ich erkennen kann.

Erkenne ich mich, dann
fange ich von vorne an
dort, wo ich zu fragen begann.

Also verkünde ich wortlos das
was füllt der meinen Seele Fass.
»ich bin« sprach Descartes

und Ich? Wortlos will ich sein
damit in jedem Wort erkannt
das Einzelne als Selbst benannt

das, was im Worte nicht zu fassen ist.
»ich weiß, dass ich nichts weiß«
falle ich bei Sokrates ein: zu wissen.

Und ich folgere daraus, das ich mehr weiß
als ER, der von sich diktatorisch offenbart
»Alles zu wissen. Wort bei Wort.«

Das ist mein Haben. Mein Wissen
im Nichtwissen: Wissender zu sein.
So schlief ich seligst wortlos ein.

Teil II

Flüsse des Lebens › Meine 100 Sonette ‹.
Ich sehe ›Praxis und Theorie‹ im Alter zu einer Einheit heranreifen.

Teil A ... Ethik: Sprache, real betrachtet.
Teil B ... Vom Plagiat ›ich‹ Mensch (1) Ein Wort
Teil C ... Frühlingsahnen (Meine Sonette an das Licht)
Von der Einfachheit, zur Einfachheit: Muttersprache!
Teil D ... Die Muttersprache zwischen Schein und Sein, Sein und Zeit,
Soll und Haben usf.!

A … ›ich bin‹: Zeit!
B … ›ich bin im Sein: Zeit!
Zwischen A und B steht das Wort.
nicht Zeit und nicht Sein.
Es ist der Begriff der Unzulänglichkeit
einzusehen- nur- Wörter zu begehen.

Wir malen uns Bilder an die Wände
um gottähnlich › allwissend im Wort ‹
zu sein, dort, wo Zeit und Sein
identisch ist, wie das Huhn und das Ei:
EINS, zur selben Zeit ›SEIN‹!

Meine Zeitspur ›ich‹

Aus dem Lichtgehäuse, Flamme, blüht
das Knospengrün all die Punkte aus, denn
die eingebrannte Diallele schmückt
so manchen Blumenstrauß, das Wort
die Worte: Muttersprache!

A, ist die Geburt, das Stammeln, Lallen.
B, sind all die eingefallenen Hallen.
C, dann automatisch, so an sich
D, des Denkens letzter Kupferstich.

E-Z und fröhlich weiter
flieht die große Parallelen-Leiter
in das große Nichts hinaus
Türen einzubauen in das Lebens-Haus.

So gesehen, blieb ich stehen
an dem Punkte jener Läuterung
ohne Anfang, ohne Ende, des Gebaren: Leben.

Sein und Zeit als EINS zu sehen
so, in der globalen Absonderung
dem Lichte überall die Hand zu geben.

Teil A

ETHIK: Sprache, real betrachtet

An dem Tag, als die Kanzlerin sich weigerte die Sprache Deutsch in das Deutsche Grundgesetz aufzunehmen, da spürte ich tiefste Gedanken, mich mehr mit meiner Muttersprache zu befassen.

Schiller sprach noch von dem Wunder der Sprache insgesamt. Wird Englisch, Arabisch, etc. bald unsere Umgangsprache sein?

Da erinnerte ich mich an meine Vier- Bändige Ausgabe von LEO Weisgerber »Von den Kräften der Deutschen Sprache«(siehe meines Buches Untertitel).

Zitate dann folgend I, II, III, IV, + Seitenzahl. (z.B. I/12, usw.) Sie sind Namengeber meiner Gedanken, die aus Wort- Plagiaten, eingeatmet; ausgeatmet dann, unendliches Eigentum, meiner Millionen Hirnzellen werden sollen, im Gehalt ›ich bin‹!

I/8 »Humboldt- Worte, die sich unvergessen dem Gedächtnis eingeprägt hatten, dass die Sprache kein Ergon, sondern eine Energeia sei.

I/16 ..., dass Sprache nicht etwas Selbstverständliches ist, sondern eines der größten Geheimnisse und Wunder des Menschenlebens.«

Die ersten Sätze aus Band I kann ich nur unterstützen, und sie als mein Wahres, eingeatmet: aufnehmen.

I/32 »Der Sprachmächtige, das braucht nicht nur der Meister des Wortes zu sein, das kann der Bauer sein, dem die Väterweisheit und Sitte gegenwärtig ist in seiner Mundart, das kann der Schaffende sein, dem seiner Hände Arbeit durchgeistigt wird in tiefem Verstehen seines Wirkungskreises …:eine wirksame Kraft muss Quelle und Richtung haben!«

In diesem Sinne, über Rilkes »Sonette an Orpheus« und Heideggers Nietzsche Ausgabe, und im Besonderen wegen der 4bändigen Ausgabe von Leo Weisgerber über die Deutsche Sprache, sie bilden den Anlass mich mehr mit dem Wunder Sprache, meiner Muttersprache Deutsch zu beschäftigen.

Über meine Sonette, als innige Selbstfindung, zu anderen, eigenen Formen der Sinnbildung, um Weitergabe bittend, Selbst zu sein, und nicht nur Plagiat an Plagiat.

Aus Band II »Vom Weltbild der Dt. Sprache« beginne ich mit der mir alles sagenden Einleitung dieses Werkes.

»Es mag vielerlei Ansätze und Wege geben, um in den ebenso reichen wie vielgestaltigen Bereich der menschlichen Sprache überlegend einzudringen. Aber eine Stelle wird man dabei doch besonders hervorheben, und als entscheidende beachten müssen: W.v. Humboldt hat sie einstmals gekennzeichnet mit den Worten: Wenn in der Seele wahrhaft das Gefühl erwacht, dass die Sprache nicht ein bloßes Austauschmittel zum gegenseitigen Verständnis, sondern eine wahre Welt ist, welche der Geist zwischen sich und die Gegenstände durch die innere Arbeit seiner Kraft setzen muss, dann ist sie auf dem wahren Wege, immer mehr in ihr zu finden und in sie zu legen.«

Gedankliche Zwischenwelten tun sich auf, beginnen zu tanzen, um all das, was Wort wird, zur Einheit, ohne Zahl, aufzulisten. Im Bindeglied ist das »Atmen, das unbekannte Gedicht« in Rilkes Gedicht, ein Fingerzeig durch das Einatmen, Masse, Wörter, Plagiate aufzunehmen, um sie ausgeatmet, als Masse wieder zu veräußern. Allein das Abgezwackte Einzelne bleibt als › ich bin‹ als Eigentum mir.

II/18 »Vielmehr ist die Sprache selbst der Ort, an dem sich der Aufbau der gedanklichen Zwischenwelt vollzieht, der Weg auf dem die Welt des Sein in eine solche des Bewusst- Sein überführt wird.«

Wie aber finde ich aus der Sprachlosigkeit, dem Sinnen, dem Träumen, dem Erahnen, aus diesem Raum, in den der sprachlichen Begebenheiten zurück? Dieser Zwischenraum ist raumlos, ohne Anfang und Ende, die geöffnete Hand, die sich erhebt, ohne etwas kundzutun.

Auf dem Wege der Beschaulichkeit eigene Wörter im Gedicht umzusetzen, da beginnen Metaphern, Gedankenblitze sich in den Gesprächsbedarf auf weißem Bogen zu entfalten: Masse sie. Aber? Das ist nicht nur die Sache beim Gedicht, in der Philosophie ... die Theologie aller Gedankensphären, sondern im täglichen Leben, Dieses Rilkesche »Atmen« in den eigentlichen Wortschatz umzuwandeln, um wenigstens kleinste Teilchen des Anderen in das eigene Begriffsfeld- Zwischenwelt- aufzunehmen.

Sprache ist wie das Blatt im Baum, oder die eine Nadel im Gezweig der Eibe usw. Alle Blätter, oder Nadeln sind: »Das Blatt!« Also? Ich ein Mensch? Nein, Einzelner, wie das ungeküre Blatt in Deiner Hand: ohne Zahl ›ich‹ ...Wort an Wort.

II/85 »Das Nachdenken über die deutsche Sprache mit dem Mittel der gleichen Sprache macht es schwer, die richtigen Ansatzpunkte für das Aufzeigen all dieser ʿSelbstverständlichkeitenʾ zu treffen. Wenn wir schon für das ganz einfache Beispiel des Farbenfeldes Einzelheiten beachten mussten, so kann man sich die Schwierigkeiten vorstellen, die ein verwickeltes Beispiel bringt. Sie mögen hier noch veranschaulicht werden an der Gesamtgliederung des Feldes Vorstoß, auch wenn wir nur das Wichtigste herausheben und vielleicht nicht überall die entgültige Lösung geben können.«

Sprache ist an Sprache gebunden; es ist kein Denken außerhalb der Wort und Zahlenkategorie. Zeichen bilden mit Zeichen, Chaos, und der Wahrheitswert, der bleibt Einzelnen vorbehalten; da muss derjenige, der nachfragt sich aus dem Dschungel, der Schlingpflanzen, Wildtiere, Dämonen, Teufel (ein Tier in Australien usf.)das herauswinden, das was ihm als Einzelnes dann Eigen wird.

Z.B. wie drücke ich den Unterschied zwischen Zwischenraum und Abstand in Worten aus. Zwei Räume könnte man meinen. Und doch könnte sich hier Wort und Zahl annähern. Drücke ich das Problem in Zahlen aus oder in Wörter; Wort bleibt Wort, und Zahl bleibt Zahl. Einmal sind' s (2) Objekte die sich gegenüberstehen › Zwischenraum‹. Der Abstand könnte mit einer Zahl ausgedrückt werden: 2,3 Meter usf.

II/159 »Damit ist gleichzeitig die Erkenntnis ausgesprochen, dass die Sprache nichts Einzelnes gibt. Da das Grundwesen der Sprache Gliederung ist, ist jedes einzelne Stück Ergebnis der Gliederung,Endglied, in Wesen und Wirkung eben durch seine Gliedhaftigkeit, durch einen Stellenwert im Ganzen der Sprache bestimmt.«

Also zähle ich 1, 2, 3 …! Und doch verwerfe ich die Zahl, denn meine Einheit ist dort gefunden, wo ich das EINE Blatt am Baume aufzeichne, fotografiere!

Mein Atem, mein Blatt; es geht! Aber es ist nicht, wie vordem beschrieben: EINFACH! Und dann folgt das Gedicht, der lyrische Ansatz seinen Atem zu steuern, das neben jedem Wort, jedem Satz irgendwo der Ansatz vorhanden ist ›sein soll‹ dem Leser Möglichkeiten anzubieten Masse in Einzelnes umzuwandeln: Um? für den eigenen Atem des Anderen zu sorgen. Das ist der tiefere Sinn meiner Lyrik im Sinne des ›ich bin‹!

Zeit

Ich habe Heute Nacht
im ›ich bin ‹
an Sein und Haben gedacht

Da bin ich drauf gekommen
im ›ich bin‹
hab ich die Sprache angenommen.

Das Sein ist unergründlich mein
im ›ich bin‹
im Haben, Sprechender zu sein.

Der Deutschen Sprache bin ich mächtig
im ›ich bin‹
der meinen Sinne liebend, trächtig

zu gebären »Wort bei Wort« das Plagiat
›ich bin‹
als Haben auszuatmen, das ist meine Heldentat.

Karl Jaspers sagte einst: »Wenn ich frei sein will, wenn ich mit mir identisch sein will, muss ich meine Herkunft irgendwie in mein Selbstkonzept integrieren.«

Da frage ich mich, wie führe ich das Wörtchen Liebe ein, in diese Welt begrifflich -Sein und Haben- dem Sinnen »Soll und Haben« unter zu ordnen.

Als einen Grundbegriff, der Ethik angegliedert führt I. KANT diese Begrifflichkeit in seine Kritiken ein: Sollen! Eine Art der Verknüpfung als Notwendigkeit Gründe zu entwickeln. Ein Tun und Lassen: eine Pflicht? Der Kategorische Imperativ ist eine dieser verzauberten Ethik, die dann im Christentum Glauben als Gesetzes- Pflicht, hochstilisiert den Menschen den Auftrag zu erteilen das Gebot Gottes zum Gesetz zu erheben.

Pflichtbewusstsein als ein Sollen aufgefasst erfüllt als Bild diesen Rahmen: Religion … als Gesetz!

Das Sollen und das Müssen sind dann die endlosen Verbindungen, Kategorie auf Kategorie ständig im neunen kritischen Umbruch ins Wort zu entlassen: in das Selbstkonzept: zu sein, im SEIN.

Bin ich jetzt frei? Erkenntnis stellt sich ein: – ich- ein Mensch der frei sein will, das allein ist der Sinn meines Trachtens.

»**Atmen,** du unsichtbares Gedicht«
so formulierte Rilke seine Worte.
Aus dem Goethe Dasein, der Retorte:
»Niemand hört, als was er weiß« seine Sicht!

In Kategorien angekommen: »Kraut und Unkraut«
angenommen
»Vieh und Wild« »Pflanze und Tierwelt«
in einem Zelt

dem Auge in die verbale Welt eingewebt
Namensexperimente
der Natur untergehoben, eingelebt.

So vollzieht sich das gegebene Plagiat
in ein Wort zurück, zur Meute!
Damit haben wir den Salat.

Du atmest aus, erst dann hat das begonnen
was Form einst war »der Masse«: Wort.
Jetzt hast du wahrhaft Eigentum gewonnen
Quelle und Richtung: des Ich bin –Dein Ort-!

Der Morgen, aufgewacht. Zerschlagen der Sinn
des sich Ergehens, die Hände in den Schoß zu legen
um das Eine Wort zu vergessen, das
was mich nächtlich wachrief: die Augen zu öffnen.

Haben ist die Hand, die ich bewege
sie, die den Tag von der Nacht befreit
das weiße Blatt tags, ich neu belege
mit dem einen Wort, Haben, im Geleit.

Sein und Haben werden identisch
begibt sich dein Geist in jene Welt zu dritt
wo die These der Antithese gegenübertritt
dann mache dir selbst rein den Tisch

in der Synthese »Romantischer- Realist«
dem Haben das Licht zu nehmen
es dem Sein vor die Füße zu legen.

Hier beginnt der mythische Twist
sich zu bewegen, sich nicht zu scheuen
im Glauben sich ganz bewusst wortlos zu bewegen!

»Ich weiß, dass ich nichts weiß« so falle ich ein
im Amor fati, im eigenen Schicksal: Ich, zu sein: Daheim.

Teil B

Vom Plagiat ›ich‹ Mensch (1) ein Wort

<u>›ich‹ zu ‹ Ich</u>

Ich bin ein Jäger
mit den Augen: Friede.
›ich‹ bin ein Suchender
im Wort nach mir:
Verschwiegenheit.

›ich‹ bin, so glaube ich
noch ungeboren: Liebe!
›ich‹ lebe außerhalb der Zeit:
bin ›ich‹ noch tot?

›ich‹ bin der reichste Mann
der Welt, denk ich an all
mein Fühlen: Sehen.
›ich‹ bin mit all dem Reichtum
dieser Welt bestückt ›ich‹
lebe Heut und Hier.

›ich‹ bin zum Sehen für das Morgen
mit der Liebe ausgestattet
in all der Dunkelheit noch Licht zu sehn.
›ich‹ bin ein Jäger: ich liebe, also lebe ich!

So fand ich mich: Ich!

Im Plagiat Wirrsal Wörter einzufangen gelang es mir, vom Chaos eingenommen, mich aus der Masse zu befrei' n, um? Einzelner in meinem ›ich bin‹ zu sein.

›ich‹ ist Masse. Ich denke, also muss ich sein? ist dem Chaos
–Worte
'Wort' als Massetext zu denken, sich anfangs, selbst zu beschenken: gedacht zu haben.

»Ich denke« ist nicht von Masse befreit. Das Omen mag im Alten Griechenland »als Orakel von Delphi« der Wahrheit Schein: göttlich, wortlos – wahr- gewesen sein.

Doch Alles was diesen Tempel verlies war Wort: Chaos! Zergliedert man den Text, bleibt das Massedebakel WORT über dem Tempel haften.

Ich ging hinein, dieser Benennung: ORAKEL- Spruch als Wort zu erkennen, wie die Biene, die dem Nektar folgend zwei Dinge befriedigte; Nektar zu finden und im Hintergrundgedanken die Befruchtung zu vollziehen. Dann flog sie HEIM, um zu verkünden!

Und die Königin im Staat tat göttlich besamt die Eierflut in die Waben einzubringen. Und der Mensch als gelehriger Schüler nahm das Orakel an: Wort an Wort!

Aus dem Band III »Von den Kräften der deutschen Sprache« erreichte mich dieser Band, die Muttersprache im Aufbau unserer Kultur.

S. 203 »Der großen Dichtung wird niemand ihren Rang als einer Gipfelleistung des Sprachlichen streitig machen, und selbst der Gedanke, dass die Kunst sich dabei im Grunde den Fesseln des Begriffes Kernes Sprache zu entheben sucht, erscheint im richtigen Lichte durch die Erkenntnis, dass die Größe des Dichtwerkes gerade darin besteht, sich im Ausgesprochenen dem Unausgesprochenen zu nähern.«

Man spricht davon, dass der Verstehende selbst Nachschöpfer sein muss, um an den Grund dieser Gedanken heranzukommen. In diesem Sinne schreibe ich diesen Text ein wenig provokant, um hinzuweisen was STAAT, POLITIK, alle RELIGIONEN einbegriffen, jeglicher Art von Machthabern, dieses Plagiat Wort, positiv wie negativ, einsetzen, um zu überzeugen oder zu verdummen.

»Gott ist tot!« sagte einst Friedrich Nietzsche.

Formen werden an die Wand gemalt als Ausrufe in Worte zu kleiden. Schreibe ich, Gott ist tot, dann muss er gelebt haben. Ob damit die Einzelheit der Versinnlichung, Glaube zu glauben, zum individuellen Wissen, als Wahr zu erbeben ist?

Jeder Glaube ist wahr, rein, wird er wortlos sein; gehe ich ins Wort, gleich wie, wird Chaos draus: Gott ist tot!

Ich denke mich tiefst hinein und befreie mich vom Wort … sich im Ausgesprochenem mich dem Unausgesprochenen zu nähern.

Trotzdem bleibt die Muttersprache S. 254 »Denn das Ziel kann ja nur sein, eine Sprache in ihrer vollen Wirklichkeit zu fassen, das, was sie an Erscheinungen bietet, in ihren Grund das Ziel zu verstehen, das, was als Teilstück bewusst gemacht wird, in seiner Leistung zu begreifen.«

Mein Ziel ist es, durch, eigentlich wortlose Texte, bildlich gemeint, den tieferen Sinn des Wunders Muttersprache all denen vor Augen zu halten, die immer noch denken, dass, jedes Wort was Deine Lippen verlässt, Einzelnes ist.

Mohammed befahl seinen Nachfolgern in Moscheen keine Bilder aufzuhängen, auch, und vor allem nicht das Seine. Warum? Er wusste sicherlich was er damit meinte. Man befolgte dieses Anliegen.
Aber?

Jedes Wort birgt in sich Bild an Bild! Er hätte auch die Sprache noch verbieten sollen. Aber wie hätte Er sonst seine Botschaften übermitteln sollen? Im Nichtreden! Er tat es, Er gab das Verbot der Bilder heraus!

Glaube ist wortlos EINZELENS, Bildloses, dann kann ich auch abends über das Wasser des Sees schreiten, um das Innerste mit dem zu beglücken, im »amor fati« liebe Deine eigenes Schicksal, auch beim Seebetreten einmal unterzugehen, um im eigenen Atem sich wieder zu finden.

An dieser Stelle ein Seitenblick auf Heideggers Metaphysik. Auf diesem Hin- und Her- Weg zwischen den beiden Enden geschieht die Enthüllung der reinen Synthesis. Dieser zwiefache Gang der Deduktion soll jetzt freilich nur in den Grundzügen dargestellt werden.

Meine Gedanken, in dieser Zeitspur ›ich‹ deuten genau auf dieses Problem hin. Die beiden Enden der Parallelen ›ich‹ ohne Anfang, ohne Ende: 1. Reiner Verstand, und 2. Reine Anschauung treffen mich in dieser Gabe dieses Ich, in dieser Bekenntnis der nach beiden Seiten offenen (ohne Anfang, Ende)

Parallelen, mich in dieser Funktion als im sokratischen Sinne Erkennender, als die Synthesis selbst zu bezeichnen! Wobei diese Synthesis nur (1-EIN) als Wort und Zahl Einheit a priori bedeutet für Andere dann aber, begriffsbedingt Vielheit umschließt.

Aber darin liegt der Weg das Wort durch das Wort zu befreien, um letztendlich vor sich selbst als die Ich- Einheit zu bestehen: im Sinne J. Derridas raum-zeit- und wortlos gar!

Plagiat ›Ich‹

Und aus dem Dunkel der Vergangenheit
sagt ein Echo mir ›ich‹.

In der Verlosung greife ich hinein
in diesen großen Topf ›ich bin‹

und frage mich ganz wortlos noch
was hat das Wörtchen ich für einen Sinn?

Da trat aus jener Dunkelheit ein Raunen vor das Tor
gab mir die Hand, und sagte: ›ich‹!

Milliarden vor mir waren alle sie
die an Wörter sich so orientierten

schon ›ich an ich‹ und keiner fragte
wortlos nach, war ich nur: Plagiat?

An dieser Stelle brach die meine Träne sich den Raum
um zu gesunden, im Antlitz meine Hand zu sehn.

Sie, die meine Träne trocknend meine Sinne forderte heraus
mich wortlos zu verstehn.

Da brach aus jener Ferne, Fernstenferne
so weit entfernt, so weit wie Sterne

und bat, über die Hand im Antlitz
mich zu sehn, das ›ich‹ als Plagiat zu verstehn.

Sie sprechen Alle, sie, die ähnlich Dir im Wesen,
sich Menschen nennen, Plagiat auf Plagiat

›ich‹ und meinen somit Teil zu sein in dieser
Welt der Lebewesen; Staat bei Staat.

Und nur der EINZELNE erwägt in dieser Träne
Masse abgestempelt nur dies ›ich‹ zu sein.

Da verschwand die Hand, und auch die Träne:
selbst sie ›ein Plagiat‹!

Auf einer Treppenstufe, stehend
in den Morgen, sehend
begebe ich mich fort von meinem ›ich bin‹!

Und an den Wolken, die Sonne, verbrennend
sah ich ein Bild, von mir, erschreckend
kam mir der Gedanke ›Sein und Zeit‹ in die Sinn'.

Wo war ich? Ja, im Wort!
Eingerahmt von Masse!
Gab es denn nicht den einen Ort
ohne das ›ich‹ in der Menschen-Rasse?

Auf einer Treppenstufe, sitzend
in dem Sonnenlichte, schwitzend
da kam mir der Gedanke auf zu sehn.

Und in dem Erwachen, der Sinne Pein
trat ich gelassen von der Stufe Stein
herab, um das Wort, wortlos zu verstehn.

Wo bin ich gewesen? Im Außenwort.
Entledigt mich der Masse 1 +1 = 2
in dem Meer nie Zahl zu sein. Vor Ort
bist Du dann wahrhaft Eins: im Masse-Einerlei.

Ich bin gegangen

Ich bin bereit Haben und Sein in Licht aufzulösen, dort, wo Sein zum Haben wird, allein im »amor fati« Sein zum Haben zu erklären.

Ich habe Ich = Ich in eine neue Einheit eingetaucht. »Ich bin« sprach Descartes und verband Haben und Sein zum: »Ich denke!«

»cogito ergo sum«: ich denke, also muss ich sein: so wand sich der Atem, um an das unsichtbare Gedicht Rilkes, in seinen Sonetten an Orpheus, zu erinnern.

Mache ich den nächsten Schritt, dann müsste ich den Atem anhalten, denn es wäre nur das Blitzen der meinen Augen zu sehen: erkannt zu haben, jedem Ausatmen folgt ein Einatmen ... bis?

Hier fängt das Sein das Haben ein: gelebt, gewesen zu sein!

In der beidseitigen offenen Parallele fließt der Fluss als Lichtgeburt in mein Wort!

Ich bin gegangen: das ist das SEIN. Ich gehe schließt mich dort ein, mit meinem Wort, als Haben im Atmen auch wortlos zu sein!

Meine Philosophie ist wie der Flug eines Vogels, wie das Einatmen eines Wortes, das noch die Allheit, Masse in sich trägt, sie, die ausgeatmet Einheit Eigentum wird: mein »a priori« das im »a posteriori« nicht den Aushang von der Vielheit spürt!

Wie viele Panzer, weltweit, muss ich ordern, um endlich das Wort als Einheit aufzufordern Mensch zu werden: Höchstes GUT.

Parteien? Eine ist Dagegen. Eine Andere ist Dafür! Für die Macht, stets im Massedenken, der Masse Wort, hörig zu sein.

»Kritisch denken«, das sagte schon Sokrates, »ist das höchste Gut des Einzelnen.«

Jedes Wort ist aber ein Teil der Unendlichkeit.

Wie das zu verstehen ist? Z.B. »Ich liebe Dich«, ein Plagiat aus Grauer Vorzeit. Trotzdem verwendet man diesen Satz. Warum? weil's einfach ist.

Jedes Wort ist aus einem Moment, dem Jetzt, geboren, Einzelnes, das macht es so schwer verständlich: anwendbar. Denn aus der Masse geboren hat das Einzelne sich verflüchtigt.

Die Rückkoppelung aus der Masse, dem gegebenen Wort, ist mühevoll, darum wird »Sie« von der Masse Mensch, 90 % und mehr, nicht vollzogen. Zu umständlich, zu schwerfällig im Erkennen ist der Einzelne, selbst Masse geworden … ohne es selbst zu bemerken. Selbst Panzer, sie, geworden, Masse zu vertreten.

Und so töten sie weiter für Gott und Vaterland: Gott gegen Gott! ...usw.!

Z.B. Religion! Jede Theologie ist Masse; ob Allah, Gott, Manitu, Zaroaster bei den Parsen, oder bei den 72 Sekten im Alten Persien (So Hafis der Alte Persische Dichter in seinem DIWAN, den Goethe dann übersetzt, in seinen »West östlichen DIWAN« herausbrachte.)

Heidegger schrieb einst: SEIN ist nicht definierbar und schrieb dann doch über Tausende Seiten darüber: Auch Gott ist nicht definierbar, und doch, der Mensch machte aus diesen Unendlichkeiten heraus: Wissenschaft auf Wissenschaft.

Glaube ist etwas Einzelnes, im Worte Unfassbares, und trotzdem töten Sie, die gehirnlosen Wortmenschen -Gott gegen Gott- um »Menschliche Macht!«

Und schon sitze ich wieder vor einem Panzer, nicht um gegen Menschen zu kämpfen! Nein! um mich aus der Masse Mensch, mich zu befreien, nur um mit Ihnen, den Einzelnen irgendwo wortlos zu sein.

Wo? An einem Waldesrand dem Abendgesang, der Vögel lauschend. Auf einem Hügel den Sonnenuntergang in sich aufzunehmen: Einzelner zu sein! Seht her ein MENSCH!

So löse ich die Masse Mensch hin zum Einzelwesen auf: selbstdenkend kritisch das Masse-Wort aller Kategorien »Jenseits von Gut und Böse« zu betrachten.

Es wird ein Neues Gut und Böse dabei herauskommen, da Friedrich Nietzsche auch danach in seinem Neuen Gut und Böse weiter … Wörter aufs Papier brachte.

Es kann nicht Absolut –Gutes oder Böses- heraus kommen. Aber? Einzelnes: Dein Ich!

Vom Plagiat – Mensch- zum eigen »ich bin«!

In wie vielen Windungen »Milliarden Gehirnzellen« der vor mir Lebenden geisterte dieser Begriff –Mensch- herum, um am Ende dieses Endlos-Plagiat- Mensch- als Wesen zu betiteln.

Auch ich benutze seit langem dieses Massewort – Mensch- bis mir, seit geraumer Zeit bewusst wurde »bin ich überhaupt dieses Etwas, was den Namen Mensch trägt?

Da bemerkte ich, dass ich mein Leben lang mit Plagiaten mich selbst bewarf: MENSCH!

Da begann ich den Begriff Mensch aufzulösen; denn ich war schon lange nicht mehr dieses Plagiat- Masse- Wesen- Mensch.

Was war ich dann? Deutscher, Nationalist, Patriot usf.? Und ich begann … und da bemerkte ich auch all die anderen Wörter, Begriffe, Sie, sind Plagiate: Schulweisheiten, Lernprozesse im Studium, bis ins Elternhaus zurück.

Da war ich mit einem Male am Sprachraum-Ende angelangt: Grenzen umgaben mich. Wo war ich angekommen?

Sollte ich verrückt sein? Nein, auch das ist nur ein Plagiat: der Psychologie etc!

Da fielen mir die Milliarden Gehirnzellen ein. Jeder hat diese Anlagen und formt dort Plagiat auf Plagiat: Wörter, die, gleich welcher Sprache- Deutsch- Englisch- Französisch usf. gegeben sind.

Da fiel mir das Wörtchen Mensch wieder ein. Ich sah den Baum vor meinem Fenster. Die Blätter wedelten im seichten Wind in den Morgen hinein.

Von der Morgensonne besonnt, wie das Blatt, Teil des unendlichen freien Raumes, da fiel mir ein, im Sinne des Sonnelächelns jene Knospe zu sein, die noch nicht einmal Blatt oder gar Blüte einst sollte sein.

Und ich begann Plagiatbefreit im eigenen »ich bin« dieses wortlose Blatt, Blüte usf. zu werden.

Ob das Wort Mensch dabei herauskommt? Sicherlich. Aber? Es wird nie und nimmer ein Blatt-Plagiat- MENSCH!

In den Händen halte ich das Licht:
Wörter!
Im Arme halte ich den Tod: Dunkelheit.
Wörter!

Das kann nicht sein sprach ein Publizist.
Wieso, fragte er, soll das so sein?

An der Schwelle beginnt das Verstehen
jedes Wort trägt die Unendlichkeit in sich.
Jedes Wort geht mit der Sonne auf
verkündet Wärme, Licht, Liebe, Leben.
Jedes Wort geht aber auch durch den Tod hindurch
Dunkelheit, Angst. Abgestoßen ist der Same
Leben; die Lichtgeburt. Diltheys Blüten
die dem Baume nicht mehr Eigen sind.

»Warum in einem Wort Leben und Tod?«
so fragte der Kritiker, das sehe ich nicht ein!
Dann bleibe in der Nacht Daheim
ich halte Leben und Tod in einem Wort
in meiner Hand: Das Wort ›Der Tag‹!

»Ach so. Das macht Du Dir aber einfach!« frotzelte
überlegen der Kritiker!
»Auch einfach schließt diese Unendlichkeiten ein,«
erwiderte ich …und ging!

Teil C

Frühlingsahnen (meine Sonette an das Licht)

Der Hof Kaiser Friedrichs II.
In Palermo ist er der Mittelpunkt des ital. Minnegesanges
Sizilianische Dichterschule (1220 – 1260)
Giacomo da Lentini soll dann 1265 das Sonett erstmals als seine Form ausgeführt haben, so sie, die schlauen Bücher.

Petrarca und Shakespeare vervollkommnen dann den Siegeslauf dieser Form, lyrische Gedanken in ein Korsett zu fassen. Wobei Shakespeare seine eigene Form entwickelte: 3 x 4 Zeilen, plus, als Abschluss einen Zweizeiler.

»Von den Kräften der Muttersprache«, von Leo Weisgerber, beinhaltet auch die Dichtkunst. III/190 beginnt: »Am dringlichsten wird die Frage nach dem Verhalten von Sprache und Kunst angesichts der Dichtkunst. Denn hier ist die Sprache ja nicht eine Bedingung unter anderem, sondern hier lebt Kunst in der Sprache und Sprache in der Kunst in innigster Verbindung.!«

Ist nicht jedes Gespräch, dieser, jener Kunst unterworfen, wenn es auch nicht immer Dichtkunst ist? Ich sage ganz forsch und offen: Ja! Wenn?
Ja wenn auch nicht immer die Sprache als solche als eines Wunders der Menschheit insgesamt verstanden wird. Wenn auch der Autor, L. Weisgerber meinen Hinweis in diesem Zusammenhang als Feststellung einer Selbstverständlichkeit ansieht.

III/190 »Wir haben lange und oft gesehen, wie leicht sich die Beschäftigung mit Dichterwerken begnügt mit dem Herausarbeiten des Gedankenganges eines Dramas, eines Romans, selbst eines lyrischen Gedichtes, und dabei die sprachliche Gestaltung dieses Gehaltes fast als nebensächlich erscheinen ließ.«

Die Beschäftigung mit Dramen, Romanen, Gedichten sind doch nur die Fassaden, die aufgeplustert namengebend einen Inhalt voraussagen. Aber? Manches Mal ist ein einziges Wort des Autors so verschieden von dem gleichen Wort eines anderen Autors zu beurteilen, dass durch ein einziges Wort, ein Drama, Roman, Gedicht einen ganz anderen Charakter bekommt?

»Atmen, das unsichtbare Gedicht«, eine Zeile Rilkes, die für mich den Atem, das Atmen in ein ganz anderes Licht in die Materie seiner Aussagen insgesamt hineingebärt.

Somit sind auch die 14 Zeilen des Sonetts des G. da Lentini mit der Innigkeit seines Denkens verbunden.

Für mich drücken die 1. vier Zeilen eine These aus, die 2. vier Zeilen eine Antithese, um in einer Synthese, in den 2x3 Abschluss- Zeilen, irgendeinen Gedankengang, in seiner Aufgliederung, zu vollenden.

Mag alles anders sein, aber Worte sind stillheimliche Unendlichkeiten, die jeder Einzelne, für sich, in seinen »Atem« aufnehmend, zu seinem ›ich bin‹, umformen muss!

III/19o »Heute wissen wir wieder, dass Dichtung ihrem Wesen nach sprachliches Kunstwerk ist, und dass nur von dieser Wesensmitte aus ein Zugang zu ihren eigenen Werten zu gewinnen ist.«

Das Wörtchen `wir werden' ist für ein Gedicht z.B. völlig unangebracht. Nicht WIR sondern jeder Einzelne muss, soll, ihm, dem Inhalt etwas geben, Allein mit seinem Atem sein Innerstes zu befreien.

Dem Schöpfer, seiner 14 Zeilen, mache ich nicht seinen Atem streitig. Nur? im Andenken einer 800 jährigen Symbolik seinen Wörtern ein Kleid gegeben zu haben, möchte ich dem Wunderwerk Sprache, jenseits von »Heute wissen wir wieder« an diesen Zauber erinnern: Worte einzukleiden um auch über das Gesagte an das Ungesagte heran zu gelangen.

In diesem Moment, oh Wunder, kommt mir ein merkwürdiges Wort in den Sinn: Voodoo, auch Wodu geschrieben, ein Geheimcode auf Haiti. Ist nicht jedes Gedicht ein Geheimcode?

Nicht einmal der Dichter selbst kann zu 100 % das wiedergeben, was er in diesen Momenten seiner Wortniederlegung gedacht, gefühlt, hat, geschweige dann die Herren Kritiker usw. die dann alles noch besser wissen als der Autor selbst.

Dann folgen so kritische Aussagen wie III/190 »Auf der anderen Seite stehen aber auch Zeugnisse eines Ringens mit der Sprache, das gelegentlich so tiefgehend gespürt wird, dass die Sprache als eigentlicher Gegenspieler, als mühsam zu überwindendes Hindernis erscheint.«

Sprache ist in sich nicht als Kunstwerk zu verstehen, sie ist das eigentliche Wunder, das alle Menschen dieser Erde sich mit Ihrer Muttersprache verständigen können.

Und nur der Einzelne nimmt den Atem in seinen Atem auf, um nicht Voodoo auf Voodoo als Geheimcode in jedem Gespräch zu vermuten.

Manches Mal ist gerade das gekünstelte Wort, das oberflächlichste Gewäsch, das bei Wesen, die sich Mensch nennen, über die Lippen trällert.

Jede Dichtung ist eine Geheimsprache, die entschlüsselt werden muss. Gibt man sich Mühe, dann kann etwas wunderbar Einzelnes für den Leser, Hörer herauskommen. Ansonsten bleibt jeder Text nur beschmutztes Papier.

Novalis und Hölderlin sind begeistert von dem wunderbaren und fruchtbaren Geheimnis der Sprache, die alles Denken bilde, sie sei größer als der Menschengeist, der sei der Sklave der Sprache nur. Und solange sei der Geist im Menschen noch nicht vervollkommnen, als die Sprache ihn nicht alleine hervorriefe. Sprache in Form der Muttersprache, in der der Ertrag der Arbeit eines ganzen Volkes der gedanklichen Gestaltung der Lebenswelt niedergelegt ist …!

III/203 »Man hat oft genug davon gesprochen, dass der Verstehende letztlich Nachschöpfer sein muss.«

Mit dem Schluss –Wort L. Weisengerbers, der damit auch meinen Gedanken treffend Einheit bietet, schließe ich, und bin dankbar, seine 4 Bände in meinem Besitz zu haben.

Also begebe ich mich auf diese Bahn, gelernt zu haben, und verinnerliche die Geschichte der Deuteschen Sprache als ein wunderbares Geschenk, das, was meine Eltern mir mit in die Wiege legten, meine NICHT in das Grundgesetz aufgenommene Muttersprache DEUTSCH, möge sie noch lange mir in meinem Herzen erhalten bleiben: z. B. …:
»Frühlingserwachen meine kleinen Sonette an das Licht.«

Im Jahre 1265 ersann Giacomo da Lentini (in Italien am Hofe des Kaisers) diesen Zauber- seinen- in Wort, und Worte zu kleiden. Heraus kamen seine 14 Zeilenzier in Worte zu fassen, das, was Petrarca und Shakespeare fortsetzten.

Ich dagegen füge mich über die Industrialisierung, ab ca. 1835, das Ende der Hochromantik, als »Romantischer- Realist«, in Erinnerung an diese Form- nicht gebunden, und bediene mich der Gedankenwelt der Romantik (1795- 1830/35), um über die Form › Gedicht‹ – Sonett- um über das Wort, durch den Hinweis der Zergliederung auf die Dinge hinzuweisen, die uns irgendwann zum Menschen machte: die Sprache!

Meine Sonette sollten diese 14 Zeilen erhalten, um über These, Antithese zur Synthese zu gelangen; als kleine Aufklärung der vorher angesprochenen Probleme. Bis wann? Bis die Synthesen wieder selbst zur neuen These wurden, Anfang eines neuen Sonetts!

Die Grundhaltung liegt im Angedenken nicht nur an Gedichtsformen zu erinnern, sondern hauptsächlich an die Plattitüde, Wörter als Abfall menschlichen Denkens, aufzunehmen.

Ich stehe im Wort. Ich begebe mich Tag um Tag hinein, um nie und nimmer der Muttersprache jene Energie zu nehmen, sie als das höchste Gut der Menschheit insgesamt zu offenbaren.

»Ich bin« sprach einst Descartes. »Ich?« noch suche ich mich in dem großen SEIN über die These Romantik, die Antithese Industrie- wie weiter, dann, im Computer-Zeitalter über Synthesen an Diltheys Blüten heranzukommen,die, so er, nicht mehr zum Baum, Strauch, Busch gehören; ja, um aus den freiwerdenden Abwurfstellen der vorgegebenen Blüten wieder neue Knospen entstehen zu lassen.

Somit sind meine Sonette (ABAB) nicht (ABBA) strikt im Aufbau dieser, seiner Form, zu erhalten. Aber?

Aber jeder Baum hat Blätter, unzählige im Geäst, sie Alle: Einheiten im Geäst- Wort an Wort-!

Also steige ich ein, wie die Biene in den Blütenkern, um die Befruchtung zu vollziehen, diese Energie, jede Blüte als Einzelnes zu erkennen.

Somit wird jedes Wort im Grunde eine Metapher, die die Persönlichkeit des Autors, als Blüte abwirft, Wort wird, um andere Knospen erneut zur Blüte zu bringen: Wort bei Wort.

Meine Gedanken bewegen sich in den Abmessungen der 14 Zeilen. Der Reim macht sich frei in meinem ›ich bin‹! Im Sinne Rilkes »Atem« zu sein, zu sich und dem Gedicht.

Meine Verse, Reime, mein unsichtbares Gedicht vollzieht den Reim allein im Ausatmen, so ganz allgemein, im eigenen ›ich bin‹,Daheim zu sein. Eingebunden in die Deutsche Sprachgemeinschaft ist ja nicht nur das Einheimische Gestade: Geschichte, Kunst, Literatur und die Philosophie, die ich an dieser Stelle gesondert anzeigen möchte.

Aus alten Unterlagen: Studienzeit, Seminaren, Vorträgen, Akademien blieben mir von der Philosophenwelt mit Thales beginnend: Griechenland, Frankreich, dann Schottland, England und zum Schluss mit KANT beginnend: Deutschland.

Isaac Newton (1642 – 1727) sagte einstmals: »Wenn ich etwas weiter sah, so deshalb, weil ich auf den Schultern von Riesen stand!«

In diesem Sinne versuche ich einigen dieser Riesen Ihrer Leitlinien, zu berauben. Aus Alten Unterlagen hervorgeholt, ihre Visionen in einigen meiner Sonette mit Ihren Leitgedanken (mit Namen und Geburtsjahr angegeben) Ihre Schultern zu benutzen, um sie als meinen Atem in dieses Frühlingsahnen meiner Sonette, einzusetzen.

Da meine Schulter klein, wird sie nie und nimmer den Atem jener Riesen erreichen. Aber? Ein Versuch ist es mir, im Wort der Sprache Wert, mit kurzen Anrissen (meine Sonette) sie, diese Giganten einmal wieder in Erinnerung zu bringen. Die Leitgedanken der Angesprochenen mögen damit einmal wieder in Erinnerung gebracht werden, das, was das Wunder Sprache Alles vermag. Auch wenn's hier nur meine Muttersprache Deutsch ist.

Ich werde nie ein Riese, noch Kollos, noch größenwahnsinnig, mich je mit Ihnen zu vergleichen. Aber? Aber mein Atem in der Selbstheilung alltäglicher Unannehmlichkeiten, beginnend mit Krankheiten, Anfeindungen etc. zu stützen, da atme ich all diese Denkansätze dieser Riesen ein, um meinen Atem als EINZELNES, als mein Wesen, Seelenheil usw. als mein ›ich bin‹ mein Lebensziel zu erhalten, und ständig weiter auszubauen. Mit EINEM dieser Hünen möchte ich diesen Vorspann schließen.
Marc Aurel sagte: »Die Glückseligkeit deines Lebens hängt von der Qualität deiner Gedanken ab!«

Inhaltsangabe Sonette 1 – 33 Frühlingsahnen

1 Frühlingsahnen
2 Haben und Sein.
3 Die Welt dreht sich
4 Der Rahmen
5 Mein Papier
6 Flamme Leben
7 Der Morgen
8 Der Alltag
9 Hab und Gut
10 Blumen
11 Sein und Schein
12 Heute Nacht
13 Es regnet
14 Die Sprache
15 Da- Sein
16 Der Wind
17 Morgenröte
18 Weiße Lilien
19 Der Tor
20 Geschrieben
21 Das Erkennen
22 Mein Wort
23 Rosen
24 Da blieb ich steh' n
25 Ampelrot
26 Auf den Höfen
27 »ich denke«
28 ich weiß
29 Aschenputtel
30 Märchen
31 amor fati

32 Der große Fluch
33 Übergänge Teil II: 1-29

I
Frühlingsahnen

Auf den Höhen brennt das Licht des Lebens
es ist der Kirschbaumblüte, endlos' Zahl.
In meinem Herzen spinnt das Wort des Gebens
der Hände Einheit, in die Vielheit: Qual!

Gewesen ist das Himmelslicht dort zu bestaunen.
Und aus den Nestern vogelfrei, erklingt das Lied.
Vom flüggen Nachwuchs flieht ein leises Raunen
das über Wald und Wiesen weiter zieht.

Gegangen bin ich, und doch geflogen.
So sah ich dieses frommste Bild
das stets der Auge Glut umgibt.

Alle Register Wohlgefühl: gezogen.
So umgibt mich dieses Lebensschild.
Und in der Hand das Wort: *geliebt.*

II
Haben und Sein

Die Umkehrbarkeit sich zu benennen
ist in mir, gegeben: auf zu schau' n.
Im Haben rafft der Mythos fort, zu verbrennen
in Asche das Sein neu zu erbau' n.

In der Zeitspirale, dem Punkte: gewesen
ergießt sich Haben und auch Sein.
Dort steht in großen Lettern zu lesen:
das Tuch deckt nur ab, das Wort wird Schein.

So trinke ich mich tonlos durch das Leben.
Verbringe die Nächte, sanft unterkühlt
im Haben das Sein sich ertränkt

Oasen im Lichte, geordnet, zu haben.
All meine Sinne im nächtlichen Haus unterspült
heben auf, das Sein, mit Haben: *Ich bin beschenkt.*

III

Die Welt dreht sich, so sagt man.
Ich spüre es beileibe nicht.
Und doch, sie dreht sich. Dann und Wann
seh ich das abendliche Licht

den Mond, den Tag verkündend: zu gehen.
Der Blätterwald verdunkelt letztes Grün.
Und an den Häuserzinnen ist zu sehen
der Abendsonne letztes Glüh' n.

Die Welt dreht sich also doch
und in den Annalen steht bestickt
das Jahr mit Blüten, und ziert

beglückt mit Eis und Schnee auch das Joch!
Winterquälereien bestimmen strikt:
im Sonnenschein der Kummer sich verliert.

IV

Der Rahmen ist gegeben, das Bild
die Erde zu beleben.
Den Schein zu wahren, den Schild
dem Sein ein Ich zu geben.

So entstand die Querlatte des Tores
ins Jenseits hinein:
das Lichtkreuz im Süden des Moores
blinzelte im Abendschein.

Glöckchen, Blütengeläut jener Kronen
der Lilien am Bach
und der Gräser fächelndes Grün

sollt die Seelenglut belohnen
der leeren Seele Fach:
mit Himmel und Äther neu bezieh' n.

V

Du lächelndes Weiß. Das Papier
schaut mich an.
Ich kann doch nichts dafür
dass ich so, dann und wann

mit Farbsymbolen dich schwer belege.
Auch tränenschwer
die Feder ich nur schwer bewege
als wär' s die Hand aus dem Meer

die sich den Wogen angepasst
fügt dem Wellenlatein
stützt so das Kandelaberlicht am Horizont.

Die Meerestropfen, wortvermasst
brechen die Wörter zu Sandkorn, zu Stein
in? Ein einzelnes Wort: *Dein Weiß bleibt besonnt!*

VI

Flamme LEBEN

Lodernde Flamme Leben
wo bist Du ZUHAUS?
In den zartesten Reben
harre ich übernächtigt aus.

Die Traube wurde Lese
im Bruch des Winzers Hand.
Der Beere Saft ist die Genese
zu beträpfeln die Seele, das Land.

Im Hinterstübchen erahnte ich den Most
der gegoren die Zunge löste zum Wort.
Und die Prozente gaben dem Tag

den Abend zurück, der Synthese Hort.
Das Trunken löst vom Eisen den Rost:
ob ich's der Liebsten endlich sag?

VII

Der Morgen wirft kosend seinen ersten
Morgen-Tau mir entgegen.
Die Feder, aufgeplustert sie, zum Bersten
schwebt im ersten Worte mir verwegen

in den Raum. Ich sitze. Verglühe
im Lichtöffnen des Morgens, still
im Hinaushören, die Frühe
zu bändigen, im Worte: ich will

die einseitige Kategorien- Lade
durchdringen mit irdischem Gesang.
Dem Tönen der Vogelwelt

dem Morgen, mein Wort, als Gestade
entgegensingen, zeilenlang:
mein Wort, das morgendliche Zelt.

VIII

Der Alltag

Herausgehoben aus dem Alltag: Flehen!
So begehe ich den morgendlichen Tag
wie der Jägersmann im nächtigen Verstehen
ich die Sterne tags befrag.

»Sie sind aber nicht zu sehen.«
So ER, der mir widersprach.
ER kann es nicht verstehen
mein Wohlgefühl und das Ach

sich dem Lichte hinzugeben
auf Wortnuancen in den Tag
auf der Suche, ich, zu sein.

Ständig neu das Ich zu beleben
den Himmel nach Sternen ich befrag.
Und siehe da: sie stellten sich ein!

IX

Mein Hab und Gut ist beileibe
ein Unterpfand im Glauben zu träumen
Licht in sanften Räumen: Scheibe
auf Scheibe, Gesichter aufzuschäumen.

In der Dunkelheit, der Hände Fühlen
beginnend ein neues Sehen.
Augen alle Lichter bekühlen
sehend im Haben, alle Sinne verstehen.

Im Angesicht der Tage
bitt' ich zu bedenken
mich zu verstehn. Pur

im Antlitz meiner Hände Frage
mich selbst zu beschenken:
»amor fati«: meine Froh-Natur.

X

Wohin mit all den Blumen
die mir durchs Wort so eingegeben.
Sie erinnern an Sand, des Strandes Krumen
in Ohnmacht die Pflanze zu leben.

Ich ging in die Verkleidung, zu sein
brachte die Ausgeburt der Seelen
in den Stand, als Haben ein
mich dem Sein nicht zu verhehlen.

Gewesen ist das Morgen-Rot
Teil der Blüte. Ein Blatt
der Rose, blühend' Sonnenschein

ein sinnliches Kleeblatt Orakel, vier
Seiten im Laub des Glückes Patt:
mein Haben im Sein.

XI

Zwischen Sein und Schein
liegt ein kleines Jetzt.
Kein Wort, nur Gegebensein
das durch Zwischenräume zeitgehetzt

ziellos sich zu bewähren
mit diesem kleinen Zeichen
einen Lichtblick mir zu gebären
dem Nichtwort die Hand zu reichen?

Dort, wo das Jetzt im Plagiat
vergisst im Sinne, Schein zu sein?
So ringen wir Menschen ab, im Spagat

der Zeit die Obhut, zu geben, parat
den letzen reinen Ton zu verzeih' n:
zwischen Sein und Schein: Die Saat!

XII

Ich habe Heute Nacht
an Sein und Schein gedacht.
Was blieb, war der Traum
vom Erkenntnisbaum.

Und? ich sah ihn, den Apfelbaum
von Raum und Zeit umsponnen.
Die bunten Äpfel wurden Schaum
die sich im Spott der Taten sonnen.

»Du? willst einen Apfel pflücken?
Am Baum der Weißheit findest Du Dich ein?
Das Licht im Wort zurecht zu rücken?

Das ich nicht lache! Ein Mensch allein
wird nicht das Wort im Baume regen!«
Ich! werde Wort für Wort vor Dir zerlegen.

Ich habe Heute Nacht
an Sein und Schein gedacht.

XIII

Der Morgen lächelt, es regnet seicht.
Es hechelt der Tag, die Morgensonne weint.
Regen und Sonnenschein, die Träne weicht:
Lächeln sich mit dem Regen vereint.

»Wann lächelt denn der Morgen für Dich?«
fragte Sie mich: »Tritts Du ein!
Dein Lächeln beflügelt mich
das, soll meine Sonne sein.«

Sie verzog ganz knapp Ihr Gesicht
und mein Gesagtes stand im Raum.
Ein atemloses Wort band ein die Zeit.

Im Raume zerstob so langsam mein Gedicht
Gesagtes, Gefragtes bildeten den Saum.
Dieser Morgen machte meine Seele weit.

XIV

Die Sprache ist das höchste Gut
wenn man einmal tiefst bedenkt
dass man sich selbst beschenkt
zu wissen, nicht zu wissen: das tut

der Seele wahr, und zerklüftet das Denken
aus dem Alltag heraus, auf zu sehn.
Sich selbst mit einem Plagiat beschenken?
Im Ausatmen das Eigen-Wort zu verstehn.

So sauge ich als Masse ein, die These.
Und augenzwinkernd gebe ich mir ein
das dieses Wort im Atmen aus der Masse Form

Die Antithese hin zur Genese
formte Zug um Zug den Schein!
Und? Das ›ich bin‹ ward meine NORM!

XV

Dasein (SEIN) und Zeit (ein NU im Jetzt)

Ein stilles Wort flog mir um die Ohren
zu geben einen Pinselstrich! Ich
hatte nur den Faden verloren
ein einzelner kleiner Feder-Stich.

Und das Makabre an der Einfädelei
war die Unkunde, sich zu gebären.
Da begab sich das Licht aus dem Einerlei
mein Wort als Einspruch zu gewähren.

Im Überfluss der angebotenen Mätressen
zu vergewaltigen das einfache Wort
begann ich das Bild im Rahmen zu raffen

mich selbst in all dem Tand zu vergessen.
So stellte man mich zur Rede. Mein Rapport?
Da begann in mir der Sinn: unter Affen …!

XVI

Es regnet. Die Sonne weint
wohlverdeckt meinen Reim
in den Horizont. Wer meint:
es war die Nacht, dem endet hier der Keim

wie gehabt! Und doch sie scheint.
Einmal ist 's die Nacht.
Dann sind' s die Wolken vereint
das Dein Lächeln bewacht.

Und die Erde dreht sich doch
um zu gesunden der Träne Meer
so begann sie, gedreht, als Kugel: gedacht!

Der Wolkenschieber Wind beendet das Joch
die Drehung des Denkens als Begehr?
Trotzend dem Wind: seht, wie sie lacht!

XVII

Frühlingsahnen. Morgenröte.
Und in dem Antlitz Stück um Stück
der Himmel, er, zeigt der Welt die Nöte.
Umweltschutz: »Der Menschheit Glück?«

So sie, am Tabulator, die Zahlen-
das Eis von Grönland- und die Tücke
der Erderwärmung: mahlen-
So füllen Tod bei Tod, Sie, diese Lücke.

Vorzugaukeln dieses Wenn und Dann?
So geht die Menschheit unter
und die Qual der steten Wahl!

Mit der Geburt des Homo sapieens begann
die Gier nach Macht ganz munter:
sie stellten die Erde selbst an den Marterpfahl.

XVIII

Unsaglich hab ich aufgenommen
jenes Lied der weißen Lilie. Umsonnt
zu stillen mich. Es war zerronnen
menschbefreit ganz ungekonnt

das Gegebene. Das Gut der heil' gen Mutter Erde
zu bewahren mit dem einen Laut: ich bin?
Daraus ergab sich dann das ewig Werde!
»gottähnlich sei der Mensch«: der Sinn!

Aus dem ›ich bin‹ wurd' kurzerhand
die Konsequenz: »also denke ich!«
Wie man' s auch wenden mag.

Ich knüpfe der Welt ganz still das Band.
Das war der Morgen –so- an sich.
Und was mach' ich mit dem T a g ?

XIX

Der Tor

Mit dem Angebot, das Licht zu teilen
fiel mir mein Wort in den Arm.
An dem Teilchen »Jetzt« zu feilen!
So lange das Eisen heiß und warm

vom Volksmund so geheißen
brachte ich dies `Kleinste` Wort vorbei
aus der Kälte Raum. Zum Beißen
noch warm das rohe Ei.

In der Abendstunde letzter Sonnenflut
rief ein Raunen mich auf, aus dem Traum
flugs das Himmels- Licht zu teilen! Vor

der Dunkelheit, dem nächtlichen Gut
schmolz dahin des Lichtes Saum!
Ich teilte das Wort: ich blieb der Tor.

XX

Geschrieben ist das Wort
ganz ungeboren eilig.
Und schon ist der Ort
auf dem Papiere heilig.

So das Plagiat der Macht
sich fromm zu geben.
Und über Nacht
begann der `Tod` das `Leben`!

Beide Sie sind Plagiate.
Auch das Blühen in der Tat
begibt sich flüchtig auf die Reise.

Aus heilig wurden Duplikate
und im Wort gewann der Staat.
Die Politik erhöhte heiligst alle Gleise:

zum Beweise!

XXI

Das Erkennen

Auf leisen Sohlen kam herein:
»Das Wesensgerüst des Erkennens
hat feste Umrisse,« so Nietzsche allein
Wahrheit als Chaos zu benennen.

»Das Erkennbare ist Chaos, und das Erkennen
ist die Praxis des Lebens.« So er
der Philosoph in seinem Latein. Im Rennen
fragte ich gehetzt, Wahrheit, wer

ruft sie aus? Worte, Wörter! Trunken
stellt die Wahrheit sich selbst ein Bein
in Anbetracht der Endloszahl im Worte

Chaos allein: Wahrheit in der Wahrheit zu unken!
Die Zahl und das Wort bindet CHAOS ein
in die Unendlichkeit der Wort/Zahl Retorte!

XXII

Mein Wort ist wie ein Hauch
des Windes, wenn er sich ausruht
einzufangen mich. Ein Brauch
der wie himmlische Glut

aufweht hin –ins– Ebenholz.
Rotgefärbte Lippen
lächeln dem Kusse stolz.
Im Laub der Bäume, Blüten wippen

abgefahren ist der Zug gen Süden
in das Wörterparadies.
Einer Dichtung Licht zu lauschen.

Im Verzücken selbst dem Prüden
zu beglücken im Fließ!
Und im Ohr ein zärtliches Rauschen.

XXIII

Rosen an den Fensterscheiben
drücken ihren Duft herein.
Liebe, möchte Liebe schreiben
Farbenglitzern im Verein.

Das Trinkgefäß mit Licht zu füllen.
Dem Unterbewusstsein anzumorsen:
als Globetrotter mich zu umhüllen
selbst den Rebellen zu kosen.

Das Gesicht mit Rosenblätter
zu umgarnen. Der Metaphysik
Beachtung aufzuheben

das, was über Nacht die Natur als Retter
hinausgibt als letzten Trick:
Sein und Zeit vereint zu erleben!

XXIV

Da blieb ich steh' n

In der Vorstadt brechen alle
Welten ein, sich, zu versteh' n.
Ich dagegen predige in diesem Falle
leise, furchtlos fort zu geh' n.

In den Nächten kündeten übelste Gesellen
vom Tod und Teufel, Not und Pein:
der Staat soll an die Schellen
gehen, der Glocken, groß und klein!

So bin ich gegangen, fand Menschen am Weg.
Sie kosten sich, gaben sich Brot
und feierten froh ihr Wiederseh 'n.

Da kam ein Vogel geflogen, besetzte den Steg
und flötete frech, er hätte ein Boot
zu fliehen. Da blieb ich steh' n …!

XXV

In der Verrohung Mensch liegt
das große Panorama Leben begraben
Sehen aufzugeben. In der Luft wiegt
der Wind die Ährenwaben

fordert das Blühen auf, sich
in die Frucht hinein zu begeben.
Der Mensch ist erstrebt im totalen Ich
den Sinn zu leben, einzuweben

im Ampel- ROT, Stillstand zu posaunen.
Das GRÜN der Pflanzen einfach übersehen.
Im GELB die Zwischenschritte weiten.

Die Verrohung zum Erstaunen
sämtliche Farben einfach übergehen?
Ein Blütenpaar wird menschlich Dich begleiten!

XXVI

Auf den Höfen der Allgemeinheit, ich
ein Wesen, das im Streben zu leben
möchte', Mensch an Mensch, sich
verkleiden, um das heraus zu heben

was das Dasein lebenswert macht.
So ging ich dahin, Nächte im Sinn
Dunkelheit zu überwinden: ganz sacht.
Ein Lächeln der Sonne: mein Gewinn.

So zieht das Leben seine Kreise.
Der Kosmos lächelt auf seine Weise
mir Frühlingsahnen als Beginn

das »amor fati« als Lebenssinn
in die Hand zu nehmen: zu geben!
Und in der Hand mein Streben: leben!

XXVII

› ich denke ‹ ?

Descartes' »cogito ergo sum«
ich denke, also muss ich sein.
Wortgetreu bitt' ich drum.
Wo erlöst das Ich den Schein

kein Plagiat zu sein, im Sinne
der Verborgenheit, mein Ich zu geben
damit das Wort allein gewinne?
Ich denke? Na gut, das mag ich erleben.

Das Licht im ABC menschlich begehen
den Spracheschatz als mein Wunderlatein
im »also muss ich sein« zu erreichen?

Das Tiefste in mir, das 'Wortlose' Sehen
unterzuordnen in meinem »ich bin«? Allein
das blieb mir Plagiat: Zeichen bei Zeichen!

XXVIII

»Ich weiß, dass ich nichts weiß«
das sei mir wortgetreu gegeben.
Sokrates verlor sein Wort im Gleis
dem seinen Streben: wissend zu leben.

Das, war der Wahrheit, dem Gesetz, eine Lüge.
Zu wahr sind Paragraphen und Gelübde
dem Innersten Einheit zu gebieten. Die Rüge
war der Schierlingsbecher, der das Wahre trübte:

Der »Wille zur Macht« die Welt zu erlösen.
Gesetzes-Treue, das, war sein Untergang.
Er floh nicht, er nahm sich das RECHT

das, war sein »Wille zur Macht« dem Bösen
seiner Reinheit göttlichster Gesang.
Glaube und Wissen, das war sein Gefecht!

XXIX

Aschenputtel

Sich in Asche bewegen?
Gold und Silber zu erwerben?
Muss man aller Welt belegen?
Mancher Glanz zerbrach in Scherben.

Habe oft, den Glanz der Seele, beredt
mein Wort von Asche zu befrei' n
um das Aschenputtel abzulegen, das gesteht
das Alter, im Angesicht, dem meinen Latein.

Märchen sagen die Einen. Ich bin bereit
das Licht in den Händen aus der Asche heraus
zu heben für das Wesen ›ich‹, nicht König zu sein.

Das Wahre im wortlosen Glaubens –Streit
geistig zu betreiben? Dafür baute ich mein Haus
Wort bei Wort … Stein bei Stein!

XXX

Wie viele Märchen gingen vorüber.
Was blieb war die Vision
den Kelch der Flüssigkeiten, trüber
Gedanken, zu spenden dem Sterne Orion.

Aufgegeben der Stift, allein
über all die Geisterwände, weißes Papier
zu stillen, das Kummerfeld, das Kranksein
O P' s und anderem unstätig Pläsier.

So flogen Jahre dahin. das Alter fragte
»Wo bist Du Zuhause?« und runzelte die Stirn.
Kummer und Leid zerstob im Sein der Tugend.

Der Kampf schien am Ende. Der Morgen tagte.
Im Angesicht zerfiel der graue Firn:
Da löste sich das Wörtchen in Liebe: Wahrheit: Jugend!

XXXI

»amor fati«

Neulich sah ich ein Märchen, eine Blume
ein Blatt, noch, knospig in der Hülle.
Da sagte ich mir, der Sprache zum Ruhme
welch wortlos gedankliche Fülle

liegt dort schlafend dem Frühling entgegen.
Lächelnd noch, verschlafen im Kokon.
Ich sah Tags noch viele an den Wegen.
Nahm mir sinnend den Ton

in trüben Nächten flugs
Dein Gesicht zu füllen.
Den Alltag mit der Knospe Licht

in des Wortes Trugs
fortzuwehen alle Hüllen:
»amor fati« ich liebe das Wahre, Dein Gesicht!

XXXII

Der größte Fluch

Und? ich bin noch hingegangen
um das Wahre zu verstehn
wenn sich Gläubige im Wahne fangen
Unendlichkeit als Ihr Wahres anzusehn.

Und? ich sprach zu Ihnen, wohlan
Wer ist zu erglauben
im allein Wahren zu töten? sagt an!
Wortlos Sie Alle: Die Tauben!

Wortlos sollt Ihr Alle sein, die Hände
zu bestaunen, sie, die im Almanach
mit Bildern bemalen- Blatt und Tuch!

Übersät sind mit Lug und Trug die Wände.
Und? sprach ich zu mir: was wird danach?
Nichtwissen gleich Glaube: der größte Fluch!

XXXIII

»Der, der weiß, weiß immer noch nicht
dass er es richtig weiß,« so er
der Alte Philosoph, und es keimte ein Licht
in mir, dass ich noch etwas lernen kann, WER

das Däumchen im Alter dreht, den Keim
im Rampenlicht des Kreisverkehrs
eine einfache Richtung zu geben, um nicht mit Leim
zu beschmutzen des meines Wortes Revers!

Da ging ein Leuchten durch den Raum
der meinen ABC-Gestalten.
Ich fing mich alterseingetrübt

in diesem Kreisverkehr wieder ein. Kaum
gealtert im Wort, um Jahre zu verwalten
wortlos das Wörtchen Liebe: eingeübt!

Teil II

Die folgenden Gedanken sind angeknüpft, an wichtige Erinnerungen, an die Zeit des meinen Studiums und der Ich- Werdung durch diesen Schritt, zu gehen, das Alter ganz bewusst als mein »amor fati« liebe, lebe Dein eigenes Schicksal.

Alle hier angekündigten Sonette sind von der Struktur her (14 Zeilen Sonette), aber die Reihenfolge ABBA ändere ich in ABAB, CDE usw. um nicht von vornherein wieder ein Plagiatjäger zu sein.

Meine Aussagen in diesen, meinen Reim- Sein- und Zeit- Gebilden sollen einfach nur Ausdruck sein, an den Urheber des Sonetts G. da Lentini, der um 1250, so sagen es die schlauen Bücher, mit dieser Form: sein Herz und seinen Verstand zufrieden zu stellen.

Die Erinnerung an die Philosophen im Teil II ist ein Anliegen besonderer Art, sich selbst zu befrei' n, um das Licht, was mich mit meinem Atem verbindet, fließen zu lassen, als Teil dieses Wunders: Muttersprache und jener Energie die gekoppelt Ein- und Aus- Atmen steuert, zu filtern das Einzelne aus der Masse W o r t heraus.

Teil II: Denkanstöße nur, mehr soll diese grobe Filterung -HIER- nicht sein, Gefilterter Atem, keine Philosophie. Einfach ein paar Gänseblümchen auf meiner Wiese: D a h e i m !.

I I
Es folgen Gedanken (Kernsätze einzelner Philosophen) in innigster Erinnerung an SIE! ... Kleine Sonett-Gedanken meinerseits.

II/1 Platon (427- 347 v.Chr.)
II/2 Demokrit um (460- 379 v. Chr.)
II/3 Epikur (341- 270 v. Chr.)
II/4 Diogenes (400- 325 v. Chr.)
II/5 Cicero (106-43 v. Chr.)
II/6 Philon (20- 50 n. Chr.)
II/7 A. Seneca (4vor- 65 n. Chr.)
II/8 Mark Aurel (121- 180)
II/9 Sextus Empiricus (ca.100-200)
II/10 Plotin (205- 270)
II/11 Zwischenruf (A.B.)
II/12 Johannes Duns Scotus (1266- 1308)
II/13 Wilhelm von Ockham (1280 –1347)
II/14 Newton (1642 – 1727)
II/15 A. Arnauld (1612 – 1694)
II/16 Spinoza (1632- 1677)
II/17 Diderot (1713- 1784)
II/18 Kant (1724- 1804)
II/19 Schelling (1757- 1854)
II/20 Bentham (1748- 1832)
II/21 Bergson (1859-1941)
II/22 John Dewey (1859-1952)
II/23 Marx (1818-1883)
II/24 Descartes (1556-1650)
II/25 Sokrates (470-399 v.Chr.)
II/26-II/29- (A.B)

Einstieg: -II/1- II/29-

Manche Philosophie ist nur ein Licht.
Im Schatten steht das Wort.
Auf der Banderole wird Lüge zur Pflicht
weil »Das Gesetz« es so will. Auch bei Mord.

Alle Philosophie bleibt wortgebunden
das macht sie mir irreparabel.
So, wie die Hand, die, die Feder führt, zu stunden
den Befehl, Brudermord – bei Kain und Abel.

Was hat die Suche nach Wahrheit letztlich für einen Sinn
in der Nacht das Licht zu suchen?
Wenn doch der Tag die Lichtquelle uns Allen gegeben!

Philosophie hat nur dann einen Sinn, als Beginn.
Als Wort im Wort das Innere zu buchen
als Licht und Schatten: Tag-Wahrheit! So, wie das Leben.

II/1

Platon (427-347 v.Chr.) Griechenland
»Der ideale Bürger ist derjenige, der begreift, wie er seine Talente am besten zum Nutzen der ganzen Gesellschaft einbringen kann, und sich dieser Aufgabe beugt.«

Der ideale Bürger ist derjenige, der begreift
wie er seine Talente am besten der ganzen
Gesellschaft einbringen kann-(und gereift)
sich dieser Aufgabe unbeirrt beugt-(zum tanzen)

fordere ich diesen Gedanken Platon' auf
mit Leben, dem Leben Wort zu geben.
Das ist so der Zeiten Lauf
Geschichte in das Sein einzuweben

in RILKES Atem, dass er werde
Einheit aus der Masse Gesicht
zu erhöhen mein kleinstes Talent.

In der Waagschale Menschen-Herde
ist' s an dieser Stelle die allgemeine Pflicht
kleinste Talente bringen: zum Happy End.

So starb z.B. Sokrates: er beugte sich!

II/2

Demokrit (460 – 370 v.Chr.) Griechenland

»Für Demokrit ist alles, was existiert, eine Verkettung von Gedanken und Vorstellungen.«

Jedes Wort, das mir die Augen weitet
fleht in das Außenlicht des SEIN hinaus.
Alles was existiert, eine Verkettung, sie schreitet
von Gedanken und Vorstellungen, HAUS-

gemacht, wird Sein und Zeit
zum Bindeglied der Kette, Kosmos: Leben!
Vorstellungen und Gedanken zu zweit
sollen uns Wahrheit und Antwort weben!

Die Diallele bildet den Kreis- Verkehr
den Existenzen den Herzschlag einzuprägen
Plus und Minus, wie in den Zeilen

auf dem Papier, zum Verzehr
das Mahl zu bereiten, für alle Mägen
die, in der Energie »Sprach-Existenz«: verweilen.

II/3
Epikur (341- 270 v.Chr.) Griechenland

»Epikur hielt an der Vorstellung fest, die Seele sei nichts mehr
als die Bewegung von Atomen.«

Nichtgesehen, und doch verstanden?
So mutet seine Geistigkeit mir an: Er
hielt an der Vorstellung fest (zu landen)
dass die Seele nichts mehr sei (daher)

die Bewegung von Atomen?
Gleichgeselligkeit ist das Wort in mir
wie Ohnmacht in Visionen
im Worte zu erhalten, das Souvenir

Wahrheiten zu konstruieren.
Lichter erzeugen. Den Alltag vergöttlichen.
Im Wollen Eins zu sein.

Mit dem Einklang auf allen Vieren
Mensch zu sein, den Tieren ausgewichen.
Somit der Seele Atome: gemeißelt in STEIN!

II/4
Diogenes (400- 325 v. Chr.) Griechenland (Kyniker)
»Diogenes lebte vom Betteln, sagt man. Und er schlief in einem
Fass, so die Menge weiter!« Kyniker= Zyniker. Auch heimatlose
Wanderprediger! »Geh mir aus der Sonne!«.

Diogenes lebte vom Betteln, sagt man.
Und? er schlief in einem Fass, so
die Masse weiter. »Geh mir aus der Sonne« begann
sein Gedanke der Obrigkeit – stereo-

typ kundzutun: Hier ich, da Du.
Manch Gedankengang antiquiert
oder gar menschlich in der Offenbarung Ruh
klingt wie ein Tränenreigen – destilliert

dem Vater, der Mutter: dem Leib gebärend?
Den Tonnenrand als seine Geburt
ständig neu zu erleben? So er

der seinen Geist zur Schau stellt: erklärend.
Als Kyniker, Zyniker in der Furt
Wanderprediger aller Sinne zu sein: HERR!

II/5
Die Stoiker
Cicero (106- 43 v. .Chr.) Römisches Reich
»Griechenland und ROM fanden Eintracht durch Marcus Cicero«
»Effektives skeptisches Denken erfordert die Fähigkeit, verschiedene Aspekte eines Argumentes zu sehen und die Ergebnisse zu akzeptieren, die auf einer provisorischen Basis funktionieren!«

Effektives skeptisches Denken
erfordert die Fähigkeit verschiedene Aspekte
eines Arguments zu sehen (im Schenken?)
und die Ergebnisse zu akzeptieren (die Defekte?)

die auf einer provisorischen Basis
funktionieren. So gesehen ist der Stoiker einer
der lodernden Verehrer in Einfachheit, das Bildnis
Griechenland und ROM in Eintracht, Zweibeiner

zusammen zu führen. Einfachheit in seiner
Beständigkeit zum Ordnen zu verdammen?
Ich gebe das Gefühl zurück

skeptisch mein Licht stets feiner
zu machen, die Fähigkeit zu entflammen:
Einfachheit ist auch der meine Weg zum Glück!

II/6
Philon von Alexandria (um v. 20- 50 n. Chr.) Die Zeit der Stoiker.
In Ägypten geboren-
»Nichts bringt das Wissen seinem Besitzer durch die Theorie allein, wenn sie nicht mit der Praxis kombiniert ist.«
»Die Schrift sollte nicht wörtlich gelesen werden, so Philon, sondern als Hüter verborgener Wahrheiten, die darauf warten von denen gefunden zu werden, die die Geduld und den Willen haben, sie zu entdecken!«

ER, Stoiker, die Betonung der Vernunft
sich dem zu nähern, was das Leben bringt.
Nichts bringt das Wissen seinem Besitzer (durch Zunft?)
durch die Theorie allein (bedingt?)

wenn sie nicht mit der Praxis verbunden
ist. (Hier geben Praxis und Theorie sich die Hände)
Die Schrift sollte nicht wörtlich gelesen(gebunden?)
werden, sondern als Hüter verborgener (Wände?)

Wahrheiten, die darauf warten
von denen gefunden zu werden, die
die Geduld und den Willen haben

sie zu entdecken. Diese Zeilen, diese Sparten
geben mir sein Bild der offenen Magie:
Sprache zu verinnerlichen, in all seinen Gaben!

II/7
Lucius A. Seneca (4v.- 65 n. Chr.) «Sein Stoizismus ist keine theoretische Philosophie, sondern sie sei als Lebenshilfe zu verstehen."
»Jeder hat seinen Gott in sich!«

Philosophie, Sein Stoizismus, sollt' keine
Theorie sein, sondern? Jeder möge sie
als Lebenshilfe verstehn, so auch meine
Vision seiner Philosophie.

Ich nehme sie an, im Sehen zu verstehen.
Sein Leitspruch, der mir blieb
in der Seele des Heute, das Morgen sollt' bestehn:
»Jeder Einzelne hat seinen Gott in sich« trieb

mir die Sinnlichkeiten durch den Sprachgebrauch
Glauben und Wissen Einhalt zu gebieten.
Zu achten all, Das, was da kreucht und fleucht

denn nichts auf der Welt ist nur Schall und Rauch
wenn vom Wissen auch nur die Wörter Riten.
Wissen und Glauben ist stets ›Eigen- Geleucht‹ !

II/8
Marc Aurel (121- 180 n. Chr.) Stoiker
»Die Glückseligkeit deines Lebens hängt von der Qualität deiner Gedanken ab.«
»Zur Tugend gehört der übliche Katalog der griechisch- römischen Ideale: Weisheit, Gerechtigkeit, Mut und Genügsamkeit.«

Römischer Kaiser, Er, der seine Thesen
aus der Nacht heraus geboren, in den Tag entließ.
Zur Tugend gehört, so stand es zu lesen.
Der Katalog der griechisch- römischen Ideale hieß:

Gerechtigkeit, Genügsamkeit, Mut
und Weisheit! So gesehen, Herr Kaiser, sehe ich
die Weisheit ein wenig schwinden. Ich bin auf der Hut
zur Weisheit mich zu bekennen, da begebe ich mich

mit all meinem Mut, Wahrheit auszurufen
in Genügsamkeit ›Gerechtigkeit‹ zu benennen.
Denn Weise? Ja, das wird man nicht durch sich

allein, da bedarf es der Alten Wahl und Stufen.
Die Glückseligkeit des Lebens hängt ab vom Erkennen
von der Qualität seiner Gedanken allein: I c h !

II/9
Sextus Empiricus (ca. 100- 200) Der Skeptiker

»Die Philosophie des S. Empiricus ist zugleich
einfach und ergreifend. Seine Aussage besagt, dass man keine
Behauptung mit einer besseren Rechtfertigung vertreten kann,
als mit ihrem Gegenteil.«
»Wenn man kein schlüssiges Urteil über den Skeptizismus
abgeben kann, dann sollte man vielleicht keine Urteile mehr
abgeben.«

Beim Skeptiker gelandet, um zu sehen
wie er die Welt zu leben gedacht
dass man keine Behauptung mit (Verstehen)
einer besseren Rechtfertigung (sacht)

vertreten kann, als mit ihrem Gegenteil.
Damit lag ein Zeitalter sich in den Haaren.
Da Heute, die Politik sich der Geistlichkeit Heil
unterwarf, als Skeptiker nach Jahren richtig zu fahren!

Wenn man kein schlüssiges Urteil über den
Skeptizismus abgeben kann, dann sollte man
vielleicht überhaupt keine Urteile mehr abgeben.

So, wie es uns der Skeptiker empfahl. WEN
aber gebe ich jetzt mein Wort in die Hand?
Kann ich, damit ständig zwischen den Zeichen leben?

III/10
Plotin (205 – 270) in Ägypten geboren
»Der Geist ist wie das Licht der Sonne, er strahlt das Eine an, mittels seiner betrachtet sich das Eine selbst.«
»Das Denken und die Objekte des Denkens sind im Geist vereint, hier gibt es keinen Unterschied zwischen Subjekt und Objekt, Denken und Gedachtem.«

Der Geist korrespondiert mit dem intuitiven Wissen.
Er ist wie das Licht der Sonne, strahlt geschwind
das Eine an, um nicht sich selbst zu missen
Objekt und Geist im Denken Eines sind.

Plotin' Ruhm kam zustande für die Über-
arbeitung und Weiterentwicklung Platons Werken.
Das Denken und die Objekte des Denkens (trüber?)
sind im Geist vereint, hier gibt es (zu merken)

keinen Unterschied zwischen Subjekt und Objekt
Denken und Gedachtem. Da fiel mir Fichte ein:
sein Ich= Ich, ein Plagiat? Nein! Intuition

eine Vor- wie Rückkehr, die in jedem Worte steckt.
Im Erfassen erfuhr der Geist ein Schattendasein
wie das Lächeln der Sonne auf dem Balkon.

II/11

Zwischenruf (A..B)

Die Philosophie ist ein Wortgerangel.
Auf Zehenspitzen schaut ich an: Raum und Zeit.
Wie oft hatte ich die Lösung an der Angel
die Freude war groß, als wär' ich zu Zweit.

In den Augen Frühlingsahnen auf Geheiß.
Manches Wort schien einer Parole gleich
und doch- der Boden, er blieb weiß.
Zu winzig war der Aderlass, zu bleich

das Volumen, das der Wahrheit trotzen könnt':
In Stücke zu legen, der Lüge Gesetz.
Im Erkennen mein Atem im Ansatz belohnt.

Mal sehen, wer mir meinen Atem gönnt?
Da sah ich Alpenrosen: Philosophie im Netz.
zwischen Ja und Nein: mein Wort war bekront.

II/12
J. Duns Scotus (1266- 1308) Scholastik: wahrscheinlich in Schottland geboren.

»… den Raum und die Zeit selbst zu Eigenschaften eines Objekts zu machen, mit anderen Worten, zum Teil der Form eines Dinges.«
»Nach Scotus können keine zwei Objekte die gleiche Kombination von Eigenschaften haben, wir können zwei Dinge nur durch ihre Form nicht durch ihre Substanzen auseinander halten.«

Nach Scotus können keine zwei Objekte
die gleiche Kombination von Eigenschaften haben.
Wir können zwei Dinge durch Form (verdeckte)
nicht durch ihre Substanz auseinander laben.

Der Raum und die Zeit, selbst zu Eigenschaften
eines Objekts zu machen? Mit anderen Worten
zum Teil, Form eines Dinges? So haften
wir dafür, die Plagiatbenutzer, Symbole zu horten

die im Licht der Öffentlichkeit zum Stillschweigen verdammt
sich die Nasen zu rümpfen, eigenes Licht
aus der Dunkelheit stets heraus zu tragen. Im Gebiet

Vor- Vorgänger eines Wortes zu sein, das in Seide und Samt
stets einem Plagiat entspricht
so mein Gedanke: bei SEIN und ZEIT in meinem Lied!

II/13
Wilhelm von Ockham (1280- 1347) England: (Scholastiker!)
»Der Glaube an Gott wird durch die Kirchenoberen und die Heilige Schrift vorgegeben, und kann durch geistige Versenkung eine andere, nichtrationale Form der göttlichen Weisheit offenbaren.«

Man sagt den Scholastikern nach
in engstirniger Schulweisheit, sie, ihr Leben fristen.
Aber? Ab und An gibt es ein anderes Fach
ohne Schrifttum ohne Listen.

Der Glaube an Gott wird durch die Kirchenoberen und
die Heilige Schrift vorgegeben und kann
durch geistige Versenkung einen anderen Befund
nicht-rationaler Form göttlicher Weisheit, dann

sich selbst offenbaren. Bei KANT wird der Pflicht-
Begriff zur Ethik erhoben. Sittlicher Wille zum Grund
ist sein Motiv. Achtung vor dem Sittengesetz.

Von engstirniger Schulweisheit befreiter Sicht
wird aus dem Nichtwort mir still und frei, bunt
ein neues Wort, ich bin: Das Wesen meines Parketts.

II/14

Zeitalter der Wissenschaft
Sir Isaac Newton (1642- 1827) England. So sagte ER:

*»Wenn ich etwas weiter sah als andere, so
deshalb, weil ich auf den Schultern von
Riesen stand.«* In diesem Sinne bin ich froh
Wort- Schultern mir zu eigen zu machen. Mein Bon

ist ihr Atem, aufgenommen, von der Masse
Wort, entschlüsselt zur Einheit: ich.
So atme aus ich, aus dieser Flut, der Rasse:
Wort! In dieser Verkleidung öffne ich mich.

Auf den Schultern dieser Riesen wurde mein Wort
ein Schrei in die Ferne. Herab
stieg ich mit eigenem Atem in den Kreis

des Erkennens: abzugeben meinen Rapport.
Aus dem Block der Sprache ward der Stab
Stein bei Stein, Eigenes: mein Atem als Beweis!

II/15

Antoine Arnauld (1612- 1694) Frankreich: Die Rationalisten.
»Die Kunst des Denkens besteht aus vier Teilen, die sich auf die grundsätzlichen Denkvorgänge beziehen: Vorstellungen, Folgern, Beurteilen und Einordnen.«
»… unterschiedliche Behauptungen sind weder wahr noch falsch.«

Die Kunst des Denkens besteht aus vier Teilen, die
sich auf die grundsätzlichen Vorgänge beziehen.
Wenn sich dann- Kunst- in Zahlen stückeln lässt, wie
will ich da Denken einreihen: der Unendlichkeit geliehen?

Vorstellungen, Folgern, Beurteilung, Einordnung sind?
unterschiedliche Behauptungen, sie, weder wahr
noch falsch! Kommentare plätschern in den Wind
zu überlegen, wie deute ich das Denken gar

   als die Umrandung nur Hinauszugehen:
   grübelnd erwägen? Schließen als Denken zu sehn?
   Gedacht zu haben ist der Schluss eines Funkens nur

     die Uhr der Zellen im Hirn zu erregen, im blinden Flehen
     das Startzeichen zu geben einzugesteh' n
     außerhalb der Kunst, Denken einzuordnen: stur …!

II/16
Baruch de Spinoza (1632 –1677) die Rationalisten (Niederlande)
»Sich der Totalität des Universums bewusst zu werden, bedeutet frei zu sein- nicht vom kausalen Determinismus, sondern von der Unwissenheit des eigenen innersten Wesens.«

Kann ich mich dann ins All hineinbegeben, total
das zu suchen, was nicht zu fassen ist: Bewusst?
Ich werde dadurch frei? Gebaut ist der Pfahl
angekettet mit Leib und Sinn meine Frust.

Totalität des Universums: bewusst frei?
Wissen und Glauben sich trafen
im übersteigerten Lusteinerlei
mit der Unwahrheit- Glauben –einzuschlafen.

Nicht vom kausalen Determinismus, sondern von
der Unwissenheit des eigenen Wesens befreit?
Zusammenhängend zähle ich die Leichen auf

den Kern zu wissen- die unbewusste Vision!
Verschlossen ist der Raum für Sein und Zeit:
das allein ist der Welten Lauf.

II/17
Denis Diderot (1713-1784) Frankreich (Die Imperialisten …!)

»Er nahm FREUD vorweg, dass Kindheitserinnerungen großen Einfluss auf die Entwicklung moralischer Werte hätten.«

Er nahm, so sagt man, Sigmund Freud vorweg, das Kindheitserinnerungen großen Einfluss auf die Entwicklung moralischer Werte hätten. So gesehen sind
meine Hände gebunden am Krieg, als Abgrenzung

eindeutig heute zu verstehen, ohne die Toten zu sehen
die brennende Vaterstadt u. s. fort. Ob Moral
oder Gesicht, das Äußere in mir kann verstehen
die Bilder brennender Städte nicht ohne Qual

vom Kind an den Erwachsenen, weiterzugeben.
Aber? Was nützt alle Moral, wenn die Gier
nach Macht die Kanonen neu beladen

zu ersticken jegliche Ethik. Oder im Streben
die menschliche Sittenlehre so zu verstehen: WIR
bringen das Wasser, und das Ethos-Bild geht baden …!

II/18
Immanuel KANT (1724-1804) Die Idealisten.
»So behauptet er, in seiner zweiten Kritik, er, habe das allgemeine Moralgesetz entdeckt, das er den »Kategorischen Imperativ« nennt!«

Er habe das allgemeine Moralgesetz entdeckt, das
er den »Kategorischen Imperativ« nennt, so
Kant, er, in seiner zweiten Kritik gab den Befehl: was
läuft gilt als Befehl, unbedingt gültiges Saldo.

Als entdeckt gilt das, was es vordem nicht gegeben.
Die unterschiedlichen Seiten meines Kontos: Befehl
sittliche Gebote kreiert zu haben, erfüllt das Leben
Aller, so er, der das, was er gegeben dem Archipel

dem Sinnen einträufelnd, ihn zu verstehen
Befehle als sittliche Gebote, wie Religionen, anzubeten!
Das zu Punkt (A) Kritik der reinen Vernunft. zu B?

da wankten die Gedanken fort und fütterten im Gehen
die Kanonen, die er der Befehlsform, untergeben, abzutreten:
Also zu (B)! Dort ist der Gedanke, so weiß wie Schnee!

II/19

Friedrich J. Schelling (1775-1854) Die Idealisten (Deutschland)

»ER skizziert sein Unterfangen als die Versöhnung des Subjektiven mit dem Objektiven.«
»Im Selbstbewusstsein ist das Ich sowohl Subjekt als auch Objekt.«
»Subjekt und Objekt sind im Selbstbewusstsein ein und dasselbe.«

Fichte schrieb: Ich = Ich, und gebar sich seinen Frieden.
Schelling? Subjekt und Objekt sind im Selbstbewusstsein
ein und dasselbe! Aus den Morgensonnpyramiden
tritt das Licht heraus- zu gehen- dem Abendschein

das Ich zu geben, Ich dem Ich: Sub-Objekt zu sein.
In der Seitenzahl, dem Ich verschrieben
blinkt das Echo mir den Heiligenschein
an die Wand gerückt-1 Selbst ist geblieben

außerhalb der transzendenten Philosophie.
Jetzt bestimmt das Außenvor, das Du
die beiden Ichs zu bauen, und hervor

tritt das DU, Nr. 3. das Selbstbewusstsein, das sie
als Scheinobjekt zur Folge gebracht- und fragt: »Wozu?«
Da öffnet sich das Ich, war Einheit (1) wie je zuvor!

II/20

Jevery Bentham (1748- 1832) Die Liberalisten (London)
»Die Natur hat die Menschheit unter die Herrschaft zweier
unumschränkter Herrscher gestellt: Lust und Unlust.«

Freud und Leid; andere Kategorien blühen auf
beginne ich im Licht den Schatten zu befragen.
Unumschränkt ist unser Aller Lebenslauf.
Will ich mich bei der Natur beklagen?

Nein, auch die Natur ist nur ein Teil des Wortes, Gut
und Böse, kategorisch in die Welt gesetzt.
Ich warne Alle, Sie, seid auf der Hut
das Wohlgefühl wird als Wort oft nur verletzt.

Natur, irgendein Wort an den Himmel geschrieben
umgibt mich im milchigem Schein, das Kosen
nicht als »Lust und Unlust« zu offerieren

da das Gefühl, sich dem Selbst zu geben, zu lieben
übertönt alle Wort- Herrschaft; dort sollten Rosen
als Natur- Reinheit, mich nicht verlieren.

II/21
Henry Louis Bergson (1859- 1941) Die Evolutionisten –Frankreich-
»Da das Wesenmerkmal der Erfahrung die Abfolge ist, hat sie immer die Eigenschaft der ›DAUER‹ des ewigen »Werdens«, ohne jemals geworden zu sein!«

In meiner unendlicher, nach beiden Seiten offen
gesehenen Parallele, ist Dauer und Werden: Eins!
Das Lichtmerkmal des Verstehens lässt mich hoffen
zu erfassen das meine Wort, so wie DEINS.

Hier, in meiner Parallele ist das Ich Dauer und Werden
der Einheit verschwommen, nach allen Seiten offen:
Sein. Ich laufe nicht mehr in Wörter-Herden
dahin, von der Dauer je getroffen

nur Mensch zu sein. Ich bin, mein Punkt:
er, Dauer und Werden, wie Tag und Nacht zugleich.
Bliebe die Erde steh' n, was dann?

Wesensmerkmal mir, der offene Gedanke unkt
in Mond und Sonne als Gewordensein das Ich im Bereich:
nur ein Punkt-ich-: der zu denken begann.

II/22
John Dewey (1859- 1952) Die Pragmatiker

»Die Wahrheit ist das, was funktioniert.«
So spricht der wahre Praktiker sich aus.
Bedenkt er auch das, was nicht funktioniert?
Z.B. das Wörtchen- WORT- in seinem Haus
wenn die Scheiben hochgefroren, der Winter manövriert.

Das Gewesensein, die Fenster mit Schleier behängt
wie der Frost, in der Theorie
den Praktiker einfängt
und These und Antithese nicht bindet: Wie?

Soll dann die Synthese sein?
Ich sehe Vorhänge, ein Rollo
verhangen die These hin ins Licht.

Der Satz insgesamt ist schon die Synthese allein:
so der Praktiker! Er, fragt nicht wo
ist die Wahrheit? Er, der Praktiker braucht sie nicht.

II/23

Karl Marx (1818-1883) – Die Materialisten-

»Die Philosophen haben die Welt verschieden interpretiert, es kommt darauf an, sie zu verändern.«

Wenn ich etwas verändern will, dann
frage ich mich zuerst: was!
Verschieden interpretiert stellte sich heraus. Wann
verstand Er, das verschiedene Nahrung, z.B. Gras

zu früh, zu spät gemäht; dem Viehe zähes Futter
schaden kann? Philosophie- so- interpretieren sie.
Wäre es nicht an der Zeit gewesen, die Sprache der Mutter
die Muttersprache richtig zu lesen? Wie

wollte er verändern das, was nur verschieden
interpretiert? Es wäre an der Zeit nicht
mehr sich selbst zu belügen, es gärt

in mir der »Wille zur Macht«, um die morbiden
Interpretationen als Schatten im Licht
in Tag und Nacht aufzulösen: Das hat sich bewährt.

II/24

Rene Descartes (1596-1650) Die Rationalisten
»Ich denke, also bin ich!«
»Rationalistisch ist, dass eine Mutter älter als ihre Tochter ist,
dass ein Dreieck 3 Seiten hat!«

Hier widerspreche ich Descartes allemal.
Ich sah Dutzende Töchter, die älter waren:
der Söhne ebenfalls, gleich an der Zahl.
Auch das ist Realismus allerdings: anderer Wahl.

»Ich denke also bin ich?« das ist ebenso nur These.
Die Antithese fragt: bin ich? muss das schon denken sein?
als »Romantischer- Realist«? Ich lese
nur das Wort in den Alltag hinein

nur um nicht noch jünger zu werden, als der Enkel
der von der Mutter »Scheine« das Leben gestaltet
im Nicht- Denken auf sein Denken besteht.

Da fiel mir ein, Synthese könnte der Schnürsenkel
sein, der das Machwerk Denken verwaltet:
»Der Wille zur Macht«, der Tag als These vergeht!

II/25
Sokrates (470 v. Chr.- 399 v.Chr.)
Seine Wahrheit hielt über den Tod hinaus.

Für mich war sein Tod: Mord!
Die Quälerei vorbei.
ER ging von Bord:
»Ich weiß, dass ich nichts weiß!« sei

so, wie der Kapitän
bei einer Kollision auf dem Meer.
Als Letzter ist er am Bord zu sehn.
Die Ehre ›Wahrheit‹ sein Begehr.

»Der Wille zur Macht«, ein Nietzsche Prädikat.
ist manchem Herrscher feil, zu töten:
von Gott gegeben. Sokrates zu wahren sein Recht:

er verlor. Sein »Wille zur Macht« der wahre Staat!
Zum Weisesten sie ihn danach erhöhten:
Wahrheit und Staat, das war sein Gefecht.

II/26

Platon` Philosophie lebt also weiter
über die Zeitgrenze hinaus.
Durch die Kontemplation erworbene Leiter
Zeit-Visionen! Sie verwaltet man: mit Applaus.

Diese Kraft, die das Eine, den Geist
und die Seele vereint, sie, die über
Ordnung materieller Dinge sich erhebt. Meist
ist ein religiöser Nasenstüber

einem Neuplatoniker, im Geist, vereint.
Mit dem Subjekt und Objekt: zu zweit?
Eine unmittelbare Erkenntnis, zu leben?

Afrika und Europa als Eins gemeint
zu offerieren? Der Geist, im Sein der Zeit
bekleidet, das, was innigstes Bestreben.

Die Kreuzzüge kehren zurück. Der Kolonialismus auch!
Menschliche Natur wird philosophischer Bauch!

II/27

Ich habe Heute Nacht
vom Plagiat im Wörtchen
›Sein‹ und ›Haben‹ gedacht
jenes wesensfremde Örtchen

als Mensch, gegangen im Sein
zu vermarkten im Schein
das eigene Ich, ganz klein
an die Hand zu nehmen. Stille trat ein.

Jenseits des Sonetts: Schlafen im Wahn?
Aufbereitet mein Bett: zu denken!
Da kam ich zu Schaden bei einem Tropfen Wein.

In der Überbevölkerung zu stehlen den Kahn?
Das Volk mit einem Glas Wasser zu beschenken?
»Es werde Licht!« Und alles wurde Schein!

II/28

Der Glaubenskrieg, so wie der Kolonialismus sie kehren
HEIM ...!
Philosophie? Nein! Nur ein Wort, Wörter.

Glaube befreit das Wissen.
Die Glaubenskriege kehren Heim
an den Ort, der zerrissen!
Christlich allwissend im Keim

als Alleiniges WAHR den Glaubens- Wahn
in die Gegenwelt zu tragen: zu töten.
Alle Sie, Ihr, im anderen Clan
auch Euer Glaube, zu leben, WAHR, ohne zu erröten?

Ihr rottet Euch zusammen auf Geheiß
dieses Schlachten von Gott gegeben?
Euren Wahn im »Willen zur Macht«.

Es ist an der Zeit das ʻNicht-Wissens Gleisʼ
in die wahre Erkenntnis zu bewegen:
Aller Glaube ist wortlos WAHR: sprach der Tag zur Nacht!

II/29

Die Kreuzzüge kehren zurück.
Im Jahre 2050 leben 3 Milliarden mehr
auf unserem Planeten:Europa im Glück
so die Kanzlerin! Es wird sehr schwer.

Die Kolonialisierung in den Köpfen
der 60 Millionen Afrikaner, so die Presse
die auf dem Wege sind zu jenen Töpfen
die geplündert, geraubt mit der Kirchen- Messe

die sie in Lehmhütten hinterließen: wie gehabt!
Einfach lebten Sie seit Jahrhunderten
mit Kuh und Lamm auf dem Lande dahin.

Das iPhone gab im Busch Auskunft: SM gekappt.
»Man isst dort täglich!« Und wir wunderten
uns, wieso ihre Kolonialisierung ab heut erst Ihr Sinn!

Teil D

Die Muttersprache zwischen Schein und Sein, Sein und Zeit, Soll und Haben usf. …!

Denke ich an Sein und Zeit, und Sein und Haben, dann kommt mir Heidegger in den Sinn:»" Sein ist nicht definierbar!« Nehme ich einen anderen Raum in Augenschein, dann komme ich über das Wort auf die Sprache.

So zitiere ich – folgend- aus Band IV Leo Weisgerbers, von den Kräften der Dt. Sprache: »Die geschichtliche Kraft der Deutschen Sprache:«

IV/218 »Ist einmal ein klares Bewusstsein dafür vorhanden, was Sprache ist, so können die Folgerungen gar nicht ausbleiben, und zu jeder einzelnen der Ahnungen HERDERS von dem Hineinwirken der Muttersprache, in die Dichtung, die Wissenschaft, die Philosophie, das ganze Leben, lassen sich um 1800 zahlreiche gleichlautende Stimmen aufführen, die alle darauf hinauswollen, dass die Reichweite der Sprache der Raum ist, in dem nicht nur das äußere Verständnis möglich, sondern auch die innere Gleichgerichtetheit des Handelns angelegt ist- ein natürlicher Untergrund alles kulturellen Lebens.«

Hier wird Raum zum Sprachraum: Muttersprache. Die vielen kleinen, für mich großen Irrtümer dieser Allgemeinauslegung bedrücken mich, das zwar angedeutet wird über das `äußere Verständnis' auf das innere stoßen zu können, aber die Macht des Sosein und Was- seins kommt hier in der Endabrechung zu kurz.

Das klare Bewusstsein der Sprache ist Masse: Wort. Die Folgerungen, die, so im Text nicht ausbleiben können, sie sind mir zu oberflächlich, gar nur skizzenhaft.

Das, mein Haben, ist die innere Grundsubstanz Sein und Haben als Einheit zu verstehn.

Dasein beinhaltet mein Haben, nicht materiell betrachtet, sondern als
»amor fati« liebe, lebe Dein eigenes Schicksal.

In die Richtung führt mein Weg zur Sprache. Trugbild und auch Leere sind im Dasein enthalten als Wesenheit Mensch! So begehe ich die weite Allee Sprache auf dem Bürgersteig und sehe im Rauschen vorbeiflitzen: Wort an Wort!

Die Bäume stehen, von Vielen ungesehen, in voller Blüte. Im Soll und Haben dann, reihe ich ebenso die Sprache ein. Der Raum, die Straße zu überqueren, so wie in der Grammatik Komma, Punkt, und Bindestrich! Die ovalen Linien am Rande, das sind die Kurven, Sie, die die Parallelen in die Endlichkeiten führen: Kreisverkehr.

IV/48 »seit etwa 830 können wir dann beobachten, dass ›teutonicus‹ und ›theodiscus‹ einander näher gebracht werden …!« Die Vorstufen dietsc und (ahd.) diutisk usw. im Verlauf des 9. Jahrhunderts wurden dann als geordnet theodiscus hoffähig.

Heute sagt man, in HH geboren: »ich bin ein Deutscher!«

Wenn ich diese geschichtlich bedingte Raumordnung der Muttersprache noch in die ganze Vielfalt der Geschichte einbeziehe, dann wird auch der Raum unbegrenzt. Sie endet im Kreisverkehr an dem Tage, als die Bundeskanzlerin es ablehnte Deutsch als Landessprache in das Grundgesetz aufnehmen zu lassen.

Schon bin ich wieder im Kreisverkehr gelandet und spreche von tedesco oder german Boi, oder irgendwo in Amburgo, oder Türkisch umhüllt im Arabischen, Afrikanischen eingereiht, ein Hamburger Jung zu sein.
IV/98 »was uns von Dichtungen des 10. und 11. Jahrhunderts erreicht hat, ist fast ausnahmslos in lateinischer Sprache niedergelegt.«

Der Niederdeutsche Johannes RIST hatte 1642 zu Rettung der edlen Teuschen Hauptsprache aufgerufen, so lese ich weiter und streife vom Kreisverkehr zu Kreisverkehr.

IV/178 »Hier ist ein Reichtum zu verwalten, der durch keines Kaisers Gewalt gesichert werden kann.«

Jetzt denke ich Raum- Geschichtlich auf die Teilung Deutschland zurück.
(DDR) In kleinen Zirkeln pflegte man die Niederdeutsche Sprache als Ihr Heiligtum. In den Baltischen Staaten verbot man die Landessprache, Russisch musste gesprochen und geschrieben werden. Die Landessprache hielten Sie in den Volksliedern wach.

Dann öffnen sich die Hände wieder
Lippen singen friedliche Lieder
und am Firmament die Sterne
Sein und Zeiten in der Ferne

und doch so endlos nah

um mir die Hand zu reichen
Sein und Zeiten anzugleichen.

Da flog ein Komet, der Hand licht-
umkost, wurde Flamme, irgendein Wort
und vor mir stand ein Zwerg

und er verwies mein Wort zum Verzicht
es auszusprechen. Stille vor Ort
Und? vor mir wortlos: ein Wort› der Berg‹!

Schiller: 1779: »Das köstliche Gut der deutschen Sprache, die alles ausdrückt, das Tiefste und das Flüchtigste, den Geist, die Seele, die voller Sinn ist. Die Sprache ist der Spiegel einer Nation, wenn wir in diesen Spiegel schauen, so kommt ein großes köstliches Bild, von uns selbst daraus entgegen.«

In der Muttersprache sieht Schiller das Unterpfand deutscher Würde und Größe.
Dann gab es in meiner Kindheit den Befehl: »Deutscher sprich Deutsch!« Und an dem Punkt setzt das Tiefenverständnis des Wunders SPRACHE ein: »Sein und Zeit« als Einheit zu betrachten, dort, wo Sein sehr wohl definierbar ist, und immer bleiben wird, durch Alle Zeit und Raum, das ist mein HABEN, das Selbstverständliche mit dem Traume, Sehen, zu hinterfragen.

Ernst Cassirer nehme ich gern in meine Ich zu Ich Befragung ein. »Der echte Künstler beweist sich darin, dass er dem Wunderbaren die Farbe der Wahrheit, dem Wahrscheinlichen die Farbe des Wunderbaren gibt. Indem es seine Gestalten in die Wirklichkeit verwebt, löst er das Wirkliche Selbst aus seinen empirischen Zusammenhängen heraus und fügt es einer neuen Ordnung der Betrachtung ein.«

Als F. Nietzsche seinen Zarathustra schrieb, da sollte das ein Buch der Liebe werden, so Prof. Montinari, Mitherausgeber der Gesamtausgabe der Werke Nietzsches.

Durchlebe ich seine Zeilen Wort für Wort ist es eine Liebeserklärung geblieben. Wo? Hier spielen Raum, Zeit und Sein in der Beziehung zu Lou Salome eine bedeutende Rolle; zwischen Sils Maria, Italien, Leipzig und dem Elternhaus (Mutter und Schwester.) Etc.!
Heideggers »Sein und Zeit« fiel in die Liebesbeziehung zu Hannah Ahrend, die als 18 jährige Studentin, dem verheirateten Prof. von »Sein und Zeit« befreite.?

War sein Sein nicht definierbar? Und es wurden doch Hunderte von Seiten.
 Über Heidegger, in seiner Aussage über F. Nietzsche gibt er zu verstehen: »Nietzsches Zarathustra ist im höchsten Grade dichterisch und dennoch kein Kunstwerk, sondern ‹Philosophie›. Weil alle wirkliche, d.h. große Philosophie in sich denkerisch, dichterisch ist, kann die Unterscheidung von theoretisch und poetisch nicht dazu dienen philosophische Aufzeichnungen zu unterscheiden.«

(F.N.) »Zwischen ‛Überall` und ‛immer' gibt es keinen Kompromiss, wichtig ist nicht das ewige Leben, sondern die ewige Lebendigkeit.«

Mit Albert Camus möchte ich an dieser Stelle fortfahren: »Denken heißt wieder Sehen lernen. Das Absurde ist die erhellte Vernunft, die ihre Grenzen feststellt. Der Komödiant lehrte uns: zwischen Sein und Schein gibt es keine Grenze.«

Viele Gedanken, die durch meine Augen, beim Lesen, Eigentum wurden, sie stürzen sich in die Tiefe, um dort zersplittert eigenes Wort zu werden; im Transzendentialismus, im Erkenntnisvermögen selbst liegen apriorische Bedingungen des Erkennens vor: Leere umfängt mich!

Am Berges-Ende schleppt Sisyphos den Stein wieder den Berg hinan, Wörter, die durch die Synapsen hindurchgeschleust werden, um dort, in Geraden, Kurven und Kreisverkehr geläutert zu Eigentum meiner Wortgedanken werden! So rollt Stein auf Stein durch die Gehirnwindungen, und jedes Gespräch, jedes Seminar usw. wird zum Filtergrund hinabgeblasen, um Einzelnes zu ergattern. Und meine Antwort dann? Sie wird wieder MASSE sein(Sein?) Wort an Wort.
Mit Heidegger endend: »Die Raum- und Zeitvorstellungen produzieren wir uns, und aus uns mit einer Notwendigkeit, mit der die Spinne spinnt.«

Soll und Haben
Haben und Sein.

Das Soll verpflichtet dem Haben aufgeschlüsselt Antwort zu geben. Das ist das Zahlengebot einen Ausgleich zu weben: solvent zu sein!

Haben und Sein? Das mag etwas Anderes sein. Und doch zählt man rauf und runter: den betriebswirtschaftlicher Sinn. Das Sein steht groß wie klein (Sein, sein) daneben und entwickelt SEIN bei Sein, um das Wesen zu erkennen; den Kreislauf zu benennen.

Wortgebunden soll das SEIN gesunden zum Wohle des Haben? Nein! Haben und Sein sind hier ganz andere Gaben.

Maße und Ziele! Wer spricht zu Dir? Die Pflicht zu pflegen erfüllt, dem Maße ein Maß zu erheben. In der Ethik wird's ein Tun und ein Lassen. Im Christentum wird die Pflicht zum Gebot. Beim Schiller dann gar wird dieser Zwischenruf, zu Anmut und Würde.

Also steige ich ein mir selbst Maß zu sein. Und ich begann mich zu entkleiden! Da schmolz das Haben dahin und wurde Sein.

Dieses Erkennen ist nackte Wahrheit anbei und das Haben, im Sinne Sein, wird zum Einerlei. Doch gib acht, es sind alles: Worte = Masse. Haben wird nimmer SEIN!

Ich habe Heute Nacht
das Licht des Wortes Mensch gesehen.
Ein kleines unbedeutendes Blinzeln
eines offenen Fensters gab mir den Schein
Ich zu sein, ein Regentropfen im Gesicht.

Ich wollte ihn, den Tropfen, flugs
mit einer Handbewegung entfernen, da
brach aller Wortschatz in mir zusammen:
ein Stammeln formte: Licht an Licht.

Wohin, wohin mit diesem Wissen
diesen Tropfen Licht zu nennen?
Es war die Träne Unbewusstsein, sie
die den Gedanken (Licht eingefangen zu haben)
als eine Gabe aus dem All, wie einst
der Same mich aufstehen sah
in der Geburt ein Homo sapiens zu sein.

Kein Tropfen Träne, auch nicht das Lächeln
eines Regentropfens gab mir ein: Mensch zu sein.
Es war das Wort, das Mutter mit der Brust
gab ein, nie zu vergessen dieser eine Tropfen
ich (…) ein Homo sapiens zu sein.

Heute sagt man einfach: Mensch, und dieser Reim
blieb Muttersprache mir, des Geistes Keim!

Philosophisches Magazin Nr. 4/2016: »Wir versuchen uns, als die Couchpolitiker, die wir mittlerweile alle geworden sind, moralisch damit zu beruhigen, dass unsere Verantwortung und unser Hilfsvermögen nun einmal vernünftige Grenzen anerkennen müssen!«

Diese Gedanken rückverfolgt, nach Kriegsende: 2. Weltkrieg: und dann? Diese vernünftigen Grenzen, wo soll ich die Flüchtlinge aus Aller- Welt, die Heute 2016 Europa erreichen auf dieser Couch unterbringen?

Wenn irgendwo auf der Welt »Heute noch« Kinderreichtum religiöse Vorschrift ist, dann sollte man nicht fliehen: Überbevölkerung ist nicht der Sinn in Länder auszuwandern, um dort, was Daheim nicht möglich, diese Kinder aufzugeben, um in Sozialsystemen eines anderen Landes, sie, die Anderen als Un-Menschen abzulehnen, nur weil sie, seit Kriegsende maßvoll mit Geburten umgehen.

Glaube soll geglaubt werden, und nicht auf Andere, anders denkende Wesen abgegeben, mit Ihrem »Eigen- Wahr- Denken« andere umzuformen!

Heimatlich ist auf der Welt überall eine ganz normale Sache, als Deutscher bin ich dann automatisch Nationalist. Ich möchte nie auch nur annähernd ein Couchpolitiker sein, nur ab und an, wie überall- als Kriegskind, kriegsüberlebt, als Deutscher, Neu gedacht, einfach einmal hanseatisch sein: und das in aller Gleichheit: M e n s c h !

Zum Thema (Glauben) Religionen überhaupt.

Ein Gläubiger 'Islamist' ersticht bei der Fußball-EM 2016 in Frankreich einen Polizisten und seine Frau. Wann endlich erfüllt sich mir jener Satz: »Seht her ein Mensch!«

Wann endlich befindet der Geist alle Religionen zu dem, was das individuelle Gedankengut des Einzelnen ist(sein soll) Glaube zu glauben. Wissen und Nichtwissen hat mit diesem SEIN (Glauben) nichts zu tun. Glaube schließt Beides aus: Wissen und Nichtwissen. Und trotzdem töten in den Glaubenskriegen Unwissende, Wissen- Wollende Andere dieser Kategorie Mensch! Gott gegen Gott: Menschen! Glaube ist, fernab aller Religionen die wortlose Bindung bild- und wortlos einzugestehen: »ich weiß, dass ich nichts weiß,« im Sinne Sokrates, seine Seele vom Worte der Massen zu befreien, um vom Massewort: Religion frei und doch gläubig zu sein, diese Unwissenheit in Hass umzuwandeln, um zu töten? Menschen? Sie? Nein!

»Oh Mensch gib acht.« … sprach einst Nietzsche. Ich sage: Religionen ja, aber sie müssen Nichtwissen bleiben, tiefste Innerlichkeit, irgendwann doch noch Mensch zu werden. Mit diesen Worten begebe ich mich, auf den Weg, irgendwann an Mensch zu glauben, gleich welchen Glauben sie auch haben.

Max Stirner, ein Philosoph fragte vor Jahren schon: »ich konnte mich anfangs nicht finden, da ich nach Mensch suchte.« Von der Masse auf den Einzelnen, das ist der Weg. Finden wir wahrhaft den Weg zu glauben, dann müssen wir zuerst Alle wortlos werden und fühlen: versuchen das Wort Mensch anzunehmen vom Ich zum Wir, vom Glauben, erkannt zu haben, dass jeder Glaube Nichtwissen ist, und in der Umkehrung die Wesen unmenschlich werden lässt, um ihr WAHR(ein Nichtwissen) in Religionswahrheiten umsetzen zu wollen: um blind zu töten.

Ich bin Gläubiger; nur Mensch bin ich in dem Sinne immer noch nicht geworden, und möchte es unter diesen Bedingungen auch nimmer sein.

Mein Wissen bleibt im Sinne Sokrates Bestand: »ich weiß, dass ich nichts weiß,« und nur darum kann ich menschenlos tiefst wortlos auch ein (1) Gläubiger sein. Ein hoffendes ›ich‹ im SEIN!

Der irrste Glaube ist Der
zu wissen: ich weiß, das ich nichts weiß.
Ich weiß und möchte dieses Wissen
niemals missen. Dank Dir Sokrates.

Am Anfang steht das Wörtchen SEIN.
Nur Anfänge gibt es in meinem Sinne nicht.
SEIN und ZEIT ein gefährliches Ziel:
zu setzen, Liebe wird zum Spiel?

Ich begehre zu glauben
all mein Wissen zu berauben.
Sanft beginne ich in der Diallele
zu formen SEIN als endlose Parallele:
zeitlos, raumlos: wortbefreit.

Aber? Wenn nicht im Worte, wie
soll ich Verstehen, das Gedachte, begehen?
Das Wort ist das Ziel! Teile, Gedachtes, Masse,
So wie der Mensch in seiner Rasse: Zeit!

Ich = Ich, mit den Sinnen gewinnen
ist der Sport ganz allgemein.
Im Gerangel alle Lichter zu löschen.
Ich winde die Diallele anders herum
mich in die Sprache einzubinden, eben drum.

Ich dachte mir, zu denken.
Wollte mich selbst beschenken
und verfiel dem Gelaber
Mensch zu denken, und verfiel makaber
dem Selbst, ein Licht zu sein.

Was dann geschah verfolgte mich noch heute
all die vielen Leute, die mich umgaben
empfand ich als lärmende zischende Schaben.
Mit den Sinnen wollt' ich nimmer mehr gewinnen
da gab ich ein, ganz einfach Ich zu sein

begann wortlos zu schreiben, völlig
sinnlos allemal. Da verstand man mich.
War ich jetzt ein Licht?
Im Schatten aber, dann, erkannt
nickte ich mein Ja in die Gedanken ein

eröffnete mir seltsamste Schranken
die Knie weich, sie wankten
Hin und Her, wie im abendlichen Stadtverkehr.
… bis in einen Kreisverkehr hinein:
da löschte der Schatten das Licht.

Ich landete auf dem Punkt, des Kreises Mitte
schaute dem Treiben in dem Zirkel zu
ward in dem Moment aus Ich ein Du

gab mir die Hand. So fuhr ich HEIM
Knospe am Baum, irgendein KEIM!

Ich bin im Sein, im Haben bin ich
nur ein Schotterstein: irgendeine Zahl!

Somit ist mein Leben mir ein Bein
ein Standbein so dem Wortgebaren

in das Sein, vom Worte zu befrei' n:
die Schottersteine aufzunehmen?

Aufgehoben sie, dann, wortgebunden
mit dem Werden im Sein die Zeit zu stunden?

Die Allmacht, das undefinierbare Sein
in die Hand zu nehmen, um darin, ohne Schein
wortlos zu gesunden.

Das Ergon Sein ist abgeschlossen
in Energie, sich selbst erneuernd.
Die Schottersteine Haben ausgegossen.
Das Wortlose, Sein, das schwimmende anheuernd

In den Hafen »Soll und Haben«
rein menschlich einzusteuern, in Energie
zu leben in Maß und Ziel, die reinen Gaben
als Mensch zu lieben und nicht als Vieh

abzudriften in ungeahnte Tiefen, dort
als Monster das Nichtsein im Moraste Wort

als Sein zu zerstückeln? Mensch sei bereit
nutze Deine Energie, denn noch ist Zeit.

Elegie, die (griech.) Klagelied
Sonett, das, eine Gedichtsform: ab ca. 1250
Zwischen Sonett und Elegie (Klagelied: R. M. Rilke)
Die Gasele (orientalisch) arabisch, von Hafis bis Goethe: West
östlicher Diwan.
… auch vordem und nachdem, waren und werden, irgendwelche Buchstabenreihen die Formen in irgendeiner Art und Weise annähernd grenzenlos das ausatmen, das, was ein Autor zu Papier bringen möchte.
»Atmen, Du wortloses Gedicht.« (Rilke) oder
»Jenseits von Gut und Böse« (F. Nietzsche)
»Über allen Wipfeln ist Ruh.« (Goethe)¨, im Anschauen ist jedes Wort ein Plagiat. Erst beim Ausatmen, mit Seinem Wesen, Ich, wird daraus Eigentum, obwohl die Wörter dieselben sind und bleiben.

»Ich liebe Dich!« Ein Plagiat! Und doch bergen diese (3) Drei Wörter beim Ausatmen das persönlichste Gedankengut.

Nietzsches »Jenseits von Gut und Böse« gab' s schon im Alten Indien: »Macht Euch frei vom Paar der Gegensätze«.

Also bildet jedes Wort, für sich, nur das Unausdrückbare, das, was ich mit einem Zeichen versehe, auf das weiße Blatt Papier banne!

Der Morgen bringt mir das Licht
um einzufädeln das Wort in die Zeit!

Aus dem Ich heraus geschleudert
so glitt mein Wort in die Außenwelt
wurde dort von der Masse abgefangen
und an die Wand gestellt.

»Für was soll ich Einheit sein?«
so fragte ich sie.
»Deine Feder wird zum Feuerschein.«
Da stand ich allein an der Wand.

Erschossen war mein Wort.
Damit erschoss man auch mich
ward zum Halben Mann
bis ich dann endlich begriff:

Das (1) war nur Ich, eine Zahl.
das Andere war das, was ich ersann
und ich begann mit meinem 2. Ich mich
zu erkennen.

»Cogito ergo sum« ich denke also; muss ich sein!
Und wieder und wieder wurden es nur Worte: WORT!

Wort bleibt Wort: auch das Sein und die Zeit.

Heideggers Sein ist das Gegebene, das
Unabwendbare. Zeit ist ein Pseudonym
für all das, was außerhalb des Sein
zum persönlichen Haben beitragen kann.

Sein ist das Unabwendbare, wobei
Zeit in das möglich Begrenzte einfließen
kann: als Da- sein im Sein.

Die Zeit ist eine Liebeserklärung an
die Süße: Schauen auszukosten.
Sein ist das Wort, die Zeit ist der
Buchstabe, nur Teil ohne Wert.

Sein und Zeit ist der Gleichklang
vom Beginn der Essenseinnahme
die Sinne zu beglücken. Das Sein ist
nur, die im Körper sich zerlegende
Einheit, in die Bestandteile, die Körper
Geist und andere Funktionen im Sein
am Leben zu erhalten. Ich = Ich sagte Fichte.
Sein = Zeit sage ich!

Die Funktion, das Wort, für die Nichteingliederung
Unendlichkeit in Zeit umzuwandeln
dafür hat nicht die Zeit Schuld, sondern
ganz allein der Mensch in seiner Anmaßung
mit Zeichen an Zeichen ewiges Sein als
Lösung diesem All vorzulegen: göttlich= Mensch!

Der Morgen bringt mir Licht
um einzufädeln das Wort in die 1. Zeile.

Dort blieb es liegen, bis der Wind
das Blatt Papier in die Winde stob.

Und irgendwo, dann, angekommen
hat jemand diesen Bogen aufgenommen.

Da stand er, der mit dem Licht Verwandte
und runzelte die Stirn.

Was war geschehen? Er sah den Schatten
den die Sonne warf, gegen den Berg.

Da las er die Worte und sah ein:
Der Morgen, dieser Erde war die Gegenwehr

dem Schatten zu gedenken, sich selbst zu beschenken
die Sonne im Schatten zu verstehn.

Da erleuchtete dieser Bogen, in der Hand
das Gegenlicht zum Worte: Verstand.

Und in der Hand: Sein und die Zeit!
… dieses Blatt Papier!

Meine Zwei(2) Heimaten (Praxis und Theorie)

Aussichtslos war mein Bild
das Worte bekleiden sollte.

Am Abendhimmel zwitscherte ein Star
im Abflug in den Süden: »Heimat ade!

Im nächsten Frühling werd' ich wiederkommen
wenn der Boden befreit von Eis und Schnee!«

Von Heimat zu Heimat zog er
froh, dazwischen: sein Lied.
Und in dem Schilf im Ried
das Klagelied der heimischen Dommel.

Aussichtslos ist nur das Bildnis: Sein.
Zeiten bebildern nur den Rahmen.
Da fiel mir ein
selbst Teil der Zeit zu sein.

Und Sein? das Unbegreifliche
stand an der Tür und wollte herein
ein Begriff, der in Worte
mit dem Bleifuß die Schwelle übersprang.

Zweit Heimaten begleiten auch mich durchs Leben
wie dem Star, der seinem Liede ergeben
Eins zu sein mit Sein und Zeit.
Praxis und Theorie? So, ich: zu zweit!